网络时代日本的礼物赠答

■ 张佳梅 著

WUHAN UNIVERSITY PRESS
武汉大学出版社

图书在版编目(CIP)数据

网络时代日本的礼物赠答/张佳梅著.—武汉：武汉大学出版社，2020.10

ISBN 978-7-307-21698-3

Ⅰ.网…　Ⅱ.张…　Ⅲ.风俗习惯—研究—日本—现代　Ⅳ.K893.13

中国版本图书馆 CIP 数据核字(2020)第 151798 号

责任编辑:谢群英　　　责任校对:汪欣怡　　　版式设计:马　佳

出版发行：**武汉大学出版社**　（430072　武昌　珞珈山）

（电子邮箱：cbs22@ whu.edu.cn　网址：www.wdp. com.cn）

印刷:广东虎彩云印刷有限公司

开本:720×1000　1/16　印张:8.75　字数:162 千字　插页:1

版次:2020 年 10 月第 1 版　　2020 年 10 月第 1 次印刷

ISBN 978-7-307-21698-3　　定价:28.00 元

前　　言

“礼物交换”是人文社会科学的一个经典研究领域，礼物是连接个人与社会之间关系的重要纽带。本书以网络时代日本的礼物赠答为研究对象，旨在分析日本社会礼物馈赠的时代变迁，进而挖掘礼物馈赠方式发生变化的深层原因、意义以及礼物交换背后所体现的人际关系特征。

日本是一个赠礼活动特别频繁的国家，“礼”最能体现中国儒家文化对日本社会产生的影响。日本人一般是在得到他人恩惠之后赠送礼物表示答谢，“恩”和“义理”的观念促使人们维护交换平衡，维持共同体的确认体系。在不同的时代，人际交往和礼物赠答呈现出不同的特点。在村落共同体和企业共同体时代，赠答活动的目的是为了加强集团内的相互交流，强化成员的归属意识。20世纪90年代以来，日本社会的经济环境发生了深刻变化，随着企业共同体的崩解和家庭结构的变化，脱离了企业和家等组织的个人赠礼活动开始活跃起来。尤其是互联网的高速发展使人际交往超越了共同体的时空限制，赠礼活动由现实生活拓展到虚拟空间，由熟人社会拓展到陌生人社会。本书内容主要在以下四个方面有所创新：

1. 霍曼斯认为人是理性的动物，人际交往的实质是利益的交换过程。霍曼斯的交换理论忽视了人的情感因素，正如日本社会中“恩”“义理”“人情”等概念所表明的那样，礼物馈赠是一种具有情感价值的交换方式。别府春海曾指出战后日本社会的赠答活动逐渐变得工具化。然而，自20世纪90年代以来，以中元和岁暮为代表的礼节性、义务性赠答活动逐渐减少，而随意性、自发性的个人馈赠行为则快速增长，甚至连中元、岁暮这样的传统节日也呈现出随意化的趋势：过去主要向上司和师长送礼，现在主要向家人和亲戚送礼。笔者认为之所以出现这些变化，主要是因为社会关系发生了改变：(1)终身雇佣制的衰退导致了社缘关系的淡化。(2)家庭规模的缩小和个人主义的崛起强化了以个人为单位的礼物馈赠。以表达个人感情为目的的“随意的礼物”作为一种情感性馈赠，有利于促进以“人情”为原则的“身内关系”的日常交流。

2. 莫斯在研究古式社会的夸富宴时提出回礼要和收到的礼物相当，本尼迪克特也认为对义理的报答(即回礼)必须等量对待，毫厘不差。然而，日本的传统节日中元和岁暮原则上并不需要回礼，收到礼品后立即回复一封感谢信即可；如果实在想回礼的话，返还的礼物一般是收到礼物价值的一半。日本人在婚礼和葬礼时的回礼通常也是收到礼物的一半或者三分之一。尽管日本在“二战”以前一直遵循着等质等量的礼物交换，但战后日本社会的民主化改造使得传统的“义理”观念对人们思想的束缚呈现出减弱的趋势，表现在赠礼习惯上便是“オウツリ”“お捻り”这类象征性回礼的出现。笔者认为日本的象征性回礼和部分回礼现象归根结底是因为礼物交换的互酬性并不在于实际价值的对等，而在于符号价值的对等。以中元、岁暮为代表的“正式的礼物”在赠礼的时间、内容、包装和用语上都是固定的，这些固定的形式代表着礼节和礼仪的符号意义。正式的礼物作为一种符号性馈赠，对于维持以“义理”为原则的“仲间关系”发挥着重要的作用。

3. 萨林斯根据亲属关系的距离将互惠分为慷慨互惠、等价互惠和消极互惠，他指出这几种互惠类型相当于社会关系的范围，从利他逐渐过渡到利己，并认为慷慨互惠控制着极小的区域，在更大的范围内就无法运行。萨林斯的分类方法没有考虑到人际关系的距离会随着互动交流的频繁而变得密切。土居健郎在分析日本人际关系的圈层结构时也曾指出，最外层的“他人”是一个与己无关、冷漠无情的陌生人世界。然而，互联网的普及和社交网站的兴起，在个人与“他人”之间建立了“电缘关系”。由于“社交礼物”不需要知道对方的姓名和地址，所以通过社交网站认识的陌生人即使不用见面也能在虚拟空间互相赠送礼物。社交礼物在日本的流行，反映了礼物交换从现实社会拓展到虚拟空间，从熟人社会拓展到陌生人社会。网络虚拟化的人际交往方式具有自主性和随意性的特点，因此个人与“他人”在网络空间的礼物交换属于一种随兴性馈赠。

4. 传统的礼物研究基本上都是从交换和互惠的视点出发，而日本自2005年起开始出现“自我赠与”的现象，即自己送给自己礼物。赵星植根据罗曼·雅柯布森的“符指过程六因素分析法”将礼物分为以下六类：自我礼物、关系礼物、虚拟礼物、仪式性礼物、言语礼物和诗性礼物，并提出“自我礼物”应当作为礼物的基本边界。笔者认为“个族”群体的急速增长是日本出现自我赠与现象的主要原因，在日本，有些人把“个族”称为“孤族”，意味着这是一个孤独的群体。网络时代的自我赠与实际上是一种自我异化现象，即个体不再需要社会关系，而把自己异化为他者。笔者把这种新的赠与方式叫做自慰性馈赠，它是个体渴望人情温暖的一种自我实现方式。

本书共分为七章。第一章在对以往的理论文献进行分析梳理的基础上，提出拟解决的四个问题：(1)泡沫经济破灭后，为什么传统的义务性赠答逐渐减少，而个人间的随意性赠礼则呈现快速增长？(2)为什么“二战”以后会出现象征性回礼和部分回礼的现象，礼物交换的互酬性在日本如何得以实现？(3)为什么“社交礼物”能在日本流行起来，反映出个人与他人之间的关系发生了怎样的变化？(4)为什么日本会产生“自我赠与”的礼物现象，这一现象是否解构了传统的礼物交换关系？第二章从历时性的角度对日本古代、中世、近世、近现代的礼物赠答特征进行纵向研究，以此为背景引出对网络时代礼物赠答特征的探讨。第三章根据赠礼的场合和动机将礼物分为“正式的礼物”和“随意的礼物”，并分别举例说明两类礼物的赠礼和回礼方式。第四章从赠礼的契机、方式、内容、主体和动机等要素出发重点分析网络时代礼物赠答的特征，对非网络时代和网络时代的礼物特点进行对比性研究。从总体上来说，网络时代的礼物馈赠具有日常化、多样化和复杂化的特点。

礼物馈赠习惯的变化折射出社会环境和社会关系的变化。第五章从雇佣形式、家庭结构、交往方式、价值观念和商业主义这五个方面来挖掘礼物馈赠习惯发生改变的深层次原因。雇佣形式的变革是赠礼动机发生变化的重要原因。家庭结构的变化是自我赠与兴起的主要原因。交往方式的改变不仅拓展了人际交往的范围，而且改变了赠礼的方式。价值观念的转变使得人们比起工作更重视家庭和个人，比起物质价值更注重精神上的满足。商业主义的推动不仅增加了赠礼的机会，而且为顾客不断开发出多样化、个性化的礼物。第六章对网络时代礼物赠答的社会功能展开分析，旨在阐明礼物关系的现实意义。首先，礼物作为人际交往的润滑剂，既有利于维持和睦的社会交往，又有助于加强亲密的情感联系。其次，礼物作为表达情感和自我慰藉的手段，能够满足个人的情感需求。再次，礼物承载着仪式、礼节以及诸如“义理”“人情”等道德观念的表达。最后，礼物消费不仅间接强化了赠答习俗的传承，而且也推动了地方经济文化的发展。

第七章首先从列维-斯特劳斯“关系战胜了绝对”的思想出发来分析日本文化既与东方不同又与西方不同的特质，然后根据土居健郎对日本人际关系的圈层划分，围绕第一章提出的四个问题分别做出解释，并得出结论。网络时代的礼物赠答和人际关系呈现出以下四个基本特征：(1)以“人情”为原则的“随意的礼物”作为一种情感性馈赠，有利于促进日常生活中个人与“亲人”之间的“身内关系”。(2)以“义理”为原则的“正式的礼物”作为一种符号性馈赠，对于维系个人与“熟人”之间的“仲间关系”发挥着重要作用。(3)“社交礼物”是一种随兴性馈赠，反映了个人与“他人”之间的“电缘关系”。(4)“自我赠与”是一种自慰性馈赠，反映了个人与“自我”之间的异化关系。

本书在撰写过程中得到了武汉大学朱炳祥教授的悉心指导，武汉大学崔应令副教授、华中科技大学何菊副教授也为本书提出了许多宝贵的意见，在此对他们表示衷心的感谢！本书的出版获得江汉大学学术著作出版资助和江汉大学外国语学院出版资助，并得到武汉大学出版社的大力支持和帮助。此外，书中参考了很多作者的优秀成果，在此一并表示感谢。由于受到客观条件限制，没有更多机会去日本做田野调查，造成第一手田野材料不够丰富，进而导致本书的侧重点在于文献研究。今后如果有机会再去日本，笔者希望能够开展更加深入细致的田野调查，从中日比较或特定群体的视角将礼物交换的研究继续做下去。

作者

2020 年 1 月

目　　录

第一章　绪　　论

第一节　研究缘起

礼物交换是人类社会生活中普遍存在的文化现象，纵观古今中外，无论是在公共关系领域还是私人关系层面，礼物都是人际交往的重要载体。中国的“礼物”一词由“礼”和“物”两个字组成，“礼”显示“物”的形式，“物”呈现“礼”的内容。《礼记·曲礼上》①中记载有云：“夫礼者，所以定亲疏，决嫌疑，别同异，明是非也。”这句话阐明了礼在古代人们日常生活中的重要作用——“礼”可以用来判定人际关系的亲疏远近。该书又有记载：“礼尚往来，往而不来，非礼也；来而不往，亦非礼也。人有礼则安，无礼则危。”言下之意在于“礼”讲究施恩和回报，有了礼的规范，社会便得以安定。礼物不同于普通的物品，一方面礼物的交换必须遵循一定的礼节规范，另一方面礼物的交换和人与人之间的亲疏关系密不可分。

日本受中国儒家思想文化的影响，十分讲究礼节和赠礼。从传统节日、婚丧嫁娶、生日、纪念日等定期的馈赠活动到初次见面、探病、搬家、外出拜访等非定期的馈赠活动，日本人一年四季总在不停地忙着送礼和回礼。最具代表性的传统赠礼节日是“中元”和“岁暮”，中元送礼②在年中的七八月份，旨在感谢他人半年来对自己的关照；岁暮送礼③在年末的十二月份，旨在感谢他人一年来对自己的关照。除了一年两次的季节性赠礼，受西方文化的影响，圣诞节、情人节、母亲节和父亲节等节日在日本也十分流行。各大百货商店和超市

① 《礼记·曲礼上》是中国儒家经典之一，是研究中国古代社会、文物制度、典礼、祭祀、教育、音乐和儒家学说的重要参考书。

② 根据《冠婚葬祭の贈り物とお返し事典》(P76)，关东地区的中元送礼从7月1日持续至7月下旬，关西地区的中元送礼从7月中旬持续至8月15日。

③ 根据《冠婚葬祭の贈り物とお返し事典》(P78)，岁暮送礼从12月初持续至12月25日。

抓住日本人受恩和报恩的文化心理，在重要节日到来之前都会提早宣传造势，并设立专门的礼品卖场来吸引顾客进店选购。

日本常见的馈赠礼品以食品和日用品为主，比如有地方特色的点心、精致的手绢或毛巾、饮料、调味品等。礼品的价格通常都不贵，重要的是一定要精心包装以后再送出礼品。每次有日本客人来访问我校日语系，他们总会送上一份包装精美的日式点心当作见面礼。每当新学期学生返校时，系里的日本外教也会每人带上一盒点心放在办公室里供大家品尝，有时还会单独给要好的朋友送上特色点心或咖啡之类的小礼物。受到日本“お土産”①(特产)文化的影响，日语系的老师们在出差或旅行归来时也都习惯带一份当地的特色食品供同事们一起分享。

我②于 2015 年 3 月赴日本福冈县北九州市做调查时，日方邀请人 D 老师让我带两瓶酒过去。由于知道 D 老师会喝酒，我误以为他在讨酒喝，特意准备了两瓶价值大几百元的好酒。没想到 D 老师却让我把酒送给另外两个人，一个是为我提供住处的 L 总③，另一个是 L 总学校的 Y 老师④，D 老师对我说：“L 总他们不一定看得上你(送)的酒，但这是必要的礼节。”我不禁心生疑虑：把这么贵的酒送给不认识的人当作见面礼会不会太可惜了。到日本后不久，D 老师便介绍《读卖新闻》文化中心的 K 老师与我认识，见面那天他特地在研究室找了一盒中国茶叶以我的名义送给了 K 老师，而我当时竟然完全没有意识到需要准备一份见面礼，这或许是因为中国人很少给不熟悉的人送礼吧。

对于日本的赠礼文化，还有一件令我印象十分深刻的事情。一次 L 总请我们吃牛肉乌冬面，进店时我注意到邻桌有一个大个子的男人也在吃面。当我们几个人吃完面准备离开时，这才发现那个男人一直守在门口等我们出来。原来这个日本人从交流的语言判断我们是中国人后，便想向我们请教给他的中国

---

① 在此，笔者将日语中的“お土産”译作“特产”。根据《现代汉语词典(2017 版)》的解释，中文的“特产”是指某地或某国特有的著名产品。而根据《旺文社国语辞典(第九版)》的解释，日语的“お土産”则是指从旅行等地买回的特产或者拜访他人时带去的礼品。因此，“お土産”其实是礼物的一种类型，它和中文的“特产”在意义上并不能完全等同。

② 根据表达的需要，在“研究的缘起”这一部分中使用“我”作为第一人称描述感受，其他部分以“笔者”作为第一人称展开论述。

③ L 总是常住日本的中国人，当时他正在筹备申办一所语言学校，并聘请 Y 老师负责筹备工作。

④ Y 老师也是常住日本的中国人。

朋友送什么礼物好，所以一直等到我们吃完面。我们一行六个中国人都很诧异他对赠礼一事的认真，作为一个大男人，竟然为了询问送什么礼物这件小事站在外面等了那么久，看来日本人在挑选礼物的用心上确实很不一般。

礼物可以拉近人与人之间的距离，既然日本人这么喜欢和重视赠礼，是不是说明人与人都特别亲近，不分彼此呢？答案是否定的。我的一位好友和她的日本男友一起去便利店买东西，她男朋友付完自己的钱便到外面抽烟去了，留下她自己付自己的钱，这让她感觉两个人像陌生人一样。对于这个问题，我自己遇到的一件事也能给予佐证。一次 D 老师叫了两个日本女老师一起吃午饭，我们每人点了一碗面，D 老师吃完面就先出去了，我当时很纠结要不要帮那两个老师一起把钱付了，就当请她们吃顿饭。后来 D 老师告诉我，如果没有理由地请日本人吃饭，她们反而会不高兴。听 D 老师这么一说，我不禁庆幸自己没有贸然请客。

由此可见，日本人既特别重视礼物馈赠，又严格奉行 AA 制原则，人际交往方式呈现双重特性。日本的礼物馈赠凸显了东方文化的礼仪之道，给人一种体贴入微的关怀，而 AA 制则代表着西方文化所倡导的独立和平等，营造出互不相欠的距离感。日本人在二者之间穿梭自如，游刃有余，着实让我这个怎么都不习惯 AA 制的中国人感到惊讶和疑惑。由此，我联想到列维-斯特劳斯在《完全相反》一文中写道："一直以来，日本思想具有很高的原创性，不仅迥异于我们（西方）思想，与其他远东（中国）哲学相较也截然有别。"①深受中国文化和西方文化影响的日本是如何在历史发展的过程中形成并保持了本国独特的赠礼文化？带着这个疑问，我对研究日本的礼物赠答产生了浓厚的兴趣，希望通过对礼物现象的分析来深入了解当今日本社会人际交往的基本特征。

第二节　文献综述

一、礼物交换的社会学理论

1. 社会交换理论

礼物交换说到底是一种以礼物为媒介的社会交换行为，因此首先有必要对

① ［法］列维-斯特劳斯．我们都是食人族［M］．廖惠瑛，译，上海人民出版社，2016：39.

社会交换理论的相关研究进行综述性分析。社会交换理论是20世纪50年代末在美国兴起进而在西方广泛传播的一种社会学理论，其思想的主要来源包括古典经济学、人类学和行为主义心理学。古典经济学的代表亚当·斯密认为每个人都期望从相互交换中得到报酬，该思想具有明显的功利主义倾向。社会交换论者吸收了经济学中成本、报酬、利润等概念，将经济领域的商品交换关系应用到社会领域。西方人类学对古式社会的研究成果也是社会交换领域的思想来源，在弗雷泽、马林诺夫斯基、马塞尔·莫斯、列维-斯特劳斯等人类学家的研究成果中，交换是社会整合的一种要素。以伯勒斯·斯金纳为代表的行为主义心理学家对社会交换理论的影响也很大，他通过对动物的实验观察，认为一切行为都可以用“刺激—反应”的公式来表示。

社会交换理论的基本出发点是：(1)任何事物(无论是物质或非物质的东西)都具有自身的价值；(2)人与人之间的一切交往活动都以等量交换为基础。根据社会交换理论，分析和理解大多数人的行为的最好方法是将行为作为一种有形或无形的商品和服务进行交换。这些商品和服务不仅包括有形的东西，如食物和住房等，而且包括无形的东西，如社会认同、同情和怜悯等。人们权衡着行动的利弊，并选择能够在行动之后获得最大的回报，即人在交往过程中是以理性为原则的。社会交换理论的开创者是美国的霍曼斯(G. C. Homans)，其他主要代表人物有布劳(P. M. Blau)和爱默森(R. M. Emerson)。其中，霍曼斯的交换理论强调对个人行为的解释，通常被称为行为主义交换论；布劳的理论侧重于探索从人际互动的交换到复杂社会结构的交换过程，可以称之为社会结构交换论；爱默森将网络分析技术应用于交换理论，所以被称为社会交换网络理论。

霍曼斯社会交换理论的基本概念和原则是从行为心理学和经济学中引入的，其主要概念有行动、互动、情感、刺激、报酬、成本、投资、利润等，这些概念相互结合，形成了交换理论的六大基本命题，即成功命题、刺激命题、价值命题、剥夺与满足命题、攻击与赞同命题、理性命题。霍曼斯指出这些命题是相互联系的一个整体，单个命题只能对人类行为做出部分解释，整个命题系统却可以全面解释社会结构。受到斯金纳行为主义的影响，霍曼斯设想社会交换的进程是一种至少在两个人之间的交换活动，无论这种活动是有形的还是无形的，是多少有报酬的或是有代价的。他以新的形式吸收了经济学的基本原理，即人类理性地计算着市场行为的长远后果，以求在交易中实现物质利益的最大化。

布劳的交换理论重点在于社会结构而不在人际关系，他批评霍曼斯忽视了社会结构所具有的突生性质，所以其理论只适用于分析具有直接互动关系的小群体，即只能解释非制度化的社会行为。与霍曼斯的个人主义方法论不同，布劳认为，微观组织是由相互作用的个体所组成的，而宏观结构是由相互联系的群体所构成的，宏观的复杂结构需要正式的程序与强制性的手段来维持秩序。霍曼斯用对等性原则解释社会交换，布劳则用对等性解释部分社会交换，用不对等性解释另外一些社会交换，布劳认为，一个人通过向其他人提供他们不能适当地偿还的利益压倒他们，并因此用其他人对于他的义务的重担征服他们，来确立相对于他们的优势地位。

爱默森结合行为主义心理学和社会网络分析来研究社会网络中的不平等和权力。与霍曼斯将交换分析集中在二人互动的层面不同，爱默森认为，社会学分析的单位是行动者之间的关系，而不是行动者本身。在爱默森看来，如果交换关系存在，就意味着行动者愿意交换有价值的资源，社会结构是由寻求提升资源价值的行动者之间的交换构成的。爱默森交换理论的重要概念有：权力、权力运用和平衡，行动者的权力来自其他行动者对其资源的依赖。也就是说，当交换一方的强化或报酬高度依赖于交换另一方时便会产生权力，权力运用的结果是交换对方所付出的成本增加，从而形成不均衡的交换关系。

无论是霍曼斯的行为主义交换论、布劳的社会结构交换论，还是爱默森的社会交换网络理论，虽然这些交换理论在研究的侧重点上有所不同，但都是以经济学的理性选择作为其理论基础，即人类所有的行为都是由能带来回报和奖励的交换活动所支配的。在以理性选择为核心的社会交换理论中，人被理解为“经济人”或“理性人”，其理论基础是个人主义与功利主义。社会交换理论用报酬和代价来分析社会关系，将社会互动的实质看作人们交换报酬或惩罚的过程，这一理性原则既轻视了文化背景对交换关系的影响，又忽视了交换行为中人的感性选择。

2. 社会交换资源理论

社会交换资源理论是社会交换理论中的一个微型理论，是关于交换内容的学说。1919 年弗雷泽在《〈旧约〉中的民俗》中用“经济动机”来解释澳大利亚土著居民姑表联姻模式占优势的原因：倘若一位当地土著人没有相应的财产去讨取老婆，他就会被迫用自己的女性亲属（通常是他的姐妹或女儿）进行交换来得到老婆。因此，在弗雷泽的交换理论中，交换物即是女人。马林诺夫斯基改变了弗雷泽在分析姑表联姻时的功利主义倾向，他在《西太平洋上的航海者》中对物质性或经济性的交换与非物质性或符号性的交换进行了区分。马林诺夫斯基指出："在长期的运转中，不仅物质文化的物品会沿着库拉途径传播，习俗、歌谣、艺术主题以及普通文化的影响，也会沿着这一途径传播。它是一个庞大的族际关系网络，是一个大型风俗。"①他认为，尽管库拉中确实存在着贸易往来，但臂镯和项链的礼仪性交换才是库拉主要而根本的目的②。

莫斯在分析波利尼西亚、美拉尼西亚和西北美洲等土著部落的礼物交换和契约形式时，也强调了非物质交换物在社会整合中的重要性，他指出："不是个体，而是集体之间互设义务、互相交换和互订契约……它们所交换的并不仅限于物资和财富、动产和不动产等在经济上有用的东西。它们首先交流的是礼节、宴会、仪式、军事、妇女、儿童、舞蹈、节日和市场，其中市场只是种种交换的时机之一，市场上财富的流通不过是远为广泛、远为长久的契约中的一项而已。"③

霍曼斯继承了马林诺夫斯基的观点，将交换物分为物质的与非物质的两种类别，并且他十分重视非物质的交换物在交换中所起的重要作用。霍曼斯关注到人类行为中的情感因素，认为情感也是一种可以用来交换的资源。积极的情感会导致认同性行为，消极的情感会带来攻击性行为。他还意识到报酬既可以是物质的(如金钱)，也是非物质的(如声誉、赞扬)。然而，在霍曼斯的交换理论中，无论是物质的还是非物质的交换物都是以报酬和成本形式出现。人们在社会交换的过程中总是会寻找那些利益大于付出的社会关系，尽量避免付出大于利益的社会关系。当然，这种人与人之间的交换并不一定是物质上的对等，而可能是付出物质得到的精神报酬，也可能是付出精神得到的物质报酬。总之，在交换中我们既有一定的付出也能获取自己需要的东西，从而达到互惠平衡。

20世纪70年代，社会心理学家E·福阿(E. B. Foa)和U·福阿(U. G. Foa)第一次将交换内容看作一种资源，他们将交换资源分为六类：爱、地位、服务、信息、物质和金钱。社会资源丰富的人往往在社会交换中处于主动地位，他们可以尽力展现自己的报酬能力，吸引更多的人与之交换，从而得到他们想要的东西。而社会资源贫乏的人则比较被动，当他们与社会资源丰富的人交换时，有时候会付出尊敬、服从等作为回报。从某种意义上来说，资源的交换有

① ［英］马林诺夫斯基. 西太平洋上的航海者［M］. 张云江，译. 中国社会科学出版社，2009：53.

② 参见［英］马林诺夫斯基. 西太平洋上的航海者［M］. 张云江，译. 中国社会科学出版社，2009：46.

③ ［法］马塞尔·莫斯. 礼物［M］. 汲喆，译. 上海人民出版社，2002：7.

利于社会资源的优化配置，使有限的社会资源得到充分的利用。

3. 符号互动论

符号互动论作为一种关注个体行为的社会学理论产生于20世纪30年代，该理论侧重于从心理学角度研究社会，又称象征互动论。符号互动论的基本观点包括：(1)事物的意义是人在社会互动的过程中所赋予的。(2)在社会互动的过程中，人根据自己对事物意义的理解来处理事物。(3)事物的意义并不是不变的，人对事物意义的理解随着社会互动的过程而发生变化。这一理论强调个人的主观理解，认为我们对社会环境的反应是基于事物对我们的意义而做出的。只有当互动的双方都能确定和理解各自的情况，并能进行符号的沟通时，才能顺利地进行社会交往。

美国社会学家米德(G. H. Mead)被认为是符号互动论的奠基人，他在1934年发表的《心灵、自我与社会》一书中阐释了自己的思想。米德思想的基本假定是心智、自我与社会通过互动而产生与发展，心智是一种社会过程，人类的心智能力包括理解象征符号的能力和运用象征符号的能力。米德借鉴威廉·詹姆斯("社会我")和库利("镜中我")的思想对自我的产生机制进行了探讨，他认为自我的产生过程就是社会关系不断扩大和社会交往能力不断增强的过程。米德把自我区别为"主我(I)"和"客我(me)"两个部分，自我是"主我"和"客我"的相互作用过程，两者是辩证的统一：一方面，"客我"规范和制约着"主我"的行为；另一方面，"主我"的外在行为表达了"客我"的期望①。米德很重视社会个体对社会变迁的普遍参与，但他只是很粗略地描绘了社会与个人之间的关系，并没有指出不同类型的社会组织与不同属性的心智和自我是如何相互作用的。

米德的学生布鲁默(H. G. Blumer)于1937年首先提出了"符号互动论"这一概念和理论，他针对结构功能理论中个人完全受社会结构约束的弊端，强调人的主观认识和主观选择性。1969年出版的《符号互动论：观点和方法》是布鲁默最具代表性的理论著作，他总结了符号互动论的三个理论前提：第一，个人根据事物对他(她)的意义采用行动；第二，意义是社会的产物，它是在人与人的相互作用过程中产生的；第三，事物的意义不是固定的，个人通过"自我对话"的过程来把握和调整意义。布鲁默对符号互动论的另一项重要贡献是

① 参见乔治·赫伯特·米德. 心灵、自我与社会[M]. 赵月瑟，译. 上海译文出版社，2008：136-140.

他在方法论上主张应尊重经验现实，强调了归纳法和以探索-检验为中心的调查研究方法的重要性。

欧文·戈夫曼是布鲁默的学生，他采用戏剧分析的方法，从印象管理的角度来揭示人的社会互动特征，因此他的理论一般被称为“戏剧理论”。早期符号互动论者的研究重点在“符号”，而戈夫曼的研究重点在“互动”，他将注意力集中到面对面的互动细节上，展示那些隐含着的、不公开的互动规律。在1959年发表的《日常生活中的自我呈现》一书中，戈夫曼指出，社会是个大舞台，生活就是演戏，演员们最关心的是给观众留下什么样的印象，他的理论主要是研究运用哪些策略可以塑造自己在他人心目中的形象。在1967年发表的《互动仪式》一书中，戈夫曼对互动时的礼仪进行了详细的研究，他指出，有四种类型的人际礼仪：(1)表达式礼仪。(2)回避式礼仪。(3)维系式礼仪。(4)认可式礼仪。这些人际礼仪在日常生活中起着重要的作用，是个人保持和加强与他人交往、表达对他人尊重和关心的重要途径。戈夫曼对互动细节的观察很敏锐，对互动仪式的分析也很透彻，但他的理论在一定程度上夸大了人类行为的表演性和虚伪性。

符号互动理论的特点在于重视人的主观能动性，注重微观研究，主张从生活经验中得出结论。但该理论存在以下四点不足：(1)过于强调人的主观因素和主观心理意识，忽视了客观实际。(2)仅仅关注社会个体之间的互动，而忽视了社会历史、结构等因素的综合影响。(3)研究视角过于微观，只适合研究个人或小群体，无法研究大规模的社会现象。(4)在研究方法上过于强调感觉与直觉的重要性，只承认感性认识，否认理性认识的真实性。

二、礼物交换的人类学研究

1. 作为一种经济制度的夸富宴

礼物研究最早可以追溯到19世纪末西方人类学对古式社会的礼物交换研究。博厄斯在其早期著作《夸扣特尔印第安人的社会组织与秘密结社》(1897年)中考察了哥伦比亚夸扣特尔人的礼物交换习俗“夸富宴”。在夸富宴上，主人设宴款待来自四方的宾客，故意当着客人的面大量毁坏私人财物并慷慨地送出礼物，送礼的形式既有大规模地宰杀牛羊，也有大把地抛撒黄金白银，这样做的目的只有一个，就是让那些被邀请的宾客感到羞愧，从而证明主人拥有丰厚的财富和高贵的地位。夸扣特尔人的夸富宴仪式，一般都被后来的人类学家看成一种再分配的经济制度。

马林诺夫斯基在《西太平洋上的航海者》(1922年)中详细描述了特罗布里恩群岛上的美拉尼西亚人的礼物交换习俗“库拉贸易”。库拉的核心是白贝壳臂镯(mwali)和红贝壳项链(soulava)的交换,从交换的对象来看,臂镯与项链交换,项链与臂镯交换。莫斯认为,库拉是一种大型的夸富宴,至少从表面上看,库拉像西北美洲的夸富宴一样,由赠送和接受这两个方面构成,而这次的受赠者就是下一次的赠与者①。库拉物品除了交换没有实际的功能,它们不是被当作个人财产来长期占有的,而是总处于交换之中,其价值也在交换中积累和体现。

在库拉交换的同时,还伴随着其他礼物的交换和物品的贸易。土著也进行普通贸易,并在岛屿之间进行各种物物交换,但他们将其与库拉交换截然分开。库拉涉及财富和用品的交换,因而是一种经济制度。库拉交易的经济机制,表现为一种特殊的信用形式,意味着高度的相互信赖的商业声誉,而这不只限于库拉的核心方面,还包括伴随库拉的附属贸易。马林诺夫斯基认为,库拉贸易是一种半经济、半礼仪性的交换活动,当地人对交换宝物的恭敬态度,意味着一种新的类型的所有权制度,同时涉及了巨大而复杂的社会机制和经济事业体系②。

莫斯于1925年发表的《礼物》一书算得上20世纪礼物研究的经典之作,他没有陷入博厄斯和马林诺夫斯基有关礼物习俗的大量田野调查资料中,而是通过追问“在后进社会或古式社会中,是什么样的权利与利益规则,导致接受了馈赠就有义务回报?礼物中究竟有什么力量使得受赠者必须回礼?”③,揭示了古式社会的基本社会形态。莫斯指出,所有的礼物都不是无缘无故的,不是真正无关利益的。大多数情况下,这些都是回献,其着眼点不仅在于偿付服务与物品,还在于维持一种有利可图而且无法拒绝的联盟④。莫斯所奠定的礼物研究的“人类学的经济学”范式表明,古式社会的道德与情感的社会关系网络,也维系着某种独特的经济贸易和物品财富的流通方式。

2. 礼物和商品的二元论

莫斯对礼物社会的研究最初旨在纠正人们对原始社会的“自然经济”的偏

① 参见[法]马塞尔·莫斯. 礼物[M]. 汲喆,译. 上海人民出版社,2002:47-48.

② 参见[英]马林诺夫斯基. 西太平洋上的航海者[M]. 张云江,译. 中国社会科学出版社,2009:423.

③ [法]马塞尔·莫斯. 礼物[M]. 汲喆,译. 上海人民出版社,2002:4.

④ 参见[法]马塞尔·莫斯. 礼物[M]. 汲喆,译. 上海人民出版社,2002:196.

见，揭示一种虽然尚未达到商品经济的程度但却远比原始的自然经济要复杂得多的“礼物经济”。莫斯对古式社会的礼物交换习俗所做的“经济—道德”分析表明，“礼物”应该作为理解古式社会的整体社会现象及其共同体的伦理生活方式的基本范式。有鉴于此，我们可以将那种礼物交换在其共同体的社会—伦理生活方式中占据中心地位的原始社会或古式社会称之为“礼物社会”，用以区别于我们今天商品经济在其社会生活中占据核心地位的现代“商品社会”或“资本社会”。

莫斯认为，是礼物中的超自然力“hau”使得受礼人必须回礼，否则就会遭受厄运甚至死亡。所有严格意义上的礼物都有“hau”，即一种灵魂或精神力，馈赠某物给某人，即是呈现某种自我①。如果接受了某人的某物，就等于接受了他的一部分灵魂或精神力，因此原始社会的“礼物”具有人格化特点。这种强调人和物不可分割的解释在 20 世纪 70 年代以后逐渐发展为达蒙(F. H. Damon)、格雷戈里(C. A. Gregory)和安妮特·韦娜所主张的礼物的不可让渡性。莫斯从原始社会的礼物出发，确立了“原始的人格化的礼物交换”和“近代的非人格化的商品交换”的对立关系，即将礼物和商品看作二元对立的关系。

马歇尔·萨林斯在卡尔·波拉尼学派所创造的“交换模式理论”②基础上提出，在交换领域的一端是免费提供的帮助，属于“纯馈赠”；在交换领域的另一端，有着自利的一面，回报必须对等，即“消极互惠”③。他认为从一端移动到另一端点的关键变量是“亲属关系的距离”：礼物交换的行为往往发生在亲属关系之间，随着亲属关系的距离变远，交换者最终成为陌生人，商品交换也随之出现。换句话说，人们倾向于在亲属间交换礼物而在非亲属间交换商品。格雷戈里进一步发展了萨林斯的观点，他指出，根据交易的社会情境，物品既可以成为礼物也可以成为商品，礼物交换和商品交换并存于商品社会之中④。关于礼物和商品的关系，格雷戈里认为，礼物交换建立起主体之间的关系，礼物交换者所指望的是通过礼物交换所产生的人际关系，而不是东西本

① 参见[法]马塞尔·莫斯. 礼物[M]. 汲喆，译. 上海人民出版社，2002：19-21.

② 波拉尼从经济人类学的角度把人类的交换体系分为互惠交换、再分配交换和市场交换。

③ 参见[法]马歇尔·萨林斯. 石器时代经济学[M]. 张经纬、郑少雄、张帆，译. 三联书店，2009：220-221.

④ 参见[英]C·A·格雷戈里. 礼物与商品[M]. 姚继德、杜彬彬、郭锐，译. 云南大学出版社，2001：30.

身；而商品交换建立起被交换的客体之间的关系，以获取商品的最大利润为目的①。

3. 礼物交换的互惠原则

礼物的流动与社会关系之间的联系便是互惠，互惠是一系列的交换，是一种连续的模式。马林诺夫斯基指出："在实物交易与单纯的礼物②之间，还有如此众多的过渡与渐变形式"③，并详细描述了从单纯的礼物到实物交易之间的七种互惠形式④。莫斯认为是"礼物之灵"促使了交换，礼物交换表面上是自愿的，但实质上送礼和回礼都是义务性的，并在结论部分再次强调了赠礼是"强制与自发参半的"。在讨论特罗布里恩的礼物交换时，莫斯写道："回礼是义务性的，是被期待的，而且要和收到的礼物相当。"⑤马林诺夫斯基并不认同莫斯的"礼物之灵"说，他在《原始社会的犯罪与习俗》(1926年)一书中收回了"单纯的礼物"这一概念并明确提出用"互惠原则"来解释地方的经济交易体系，他认为，人们给予是因为他期待得到某种报偿，而人们回报是由于担心对方会终止继续给予的行为，所有的权利和义务都被放置在平衡的互惠关系链中。

莫斯对礼物之灵的诠释不仅遭到马林诺夫斯基的反驳，也遭到了列维-斯特劳斯和萨林斯的批评。列维-斯特劳斯认为，"礼物之灵"并非一种想象的巫术之灵，而是表征整个社会的集体无意识的象征符号，他将"礼物交换"在社会的象征维度上扩展为包括语言、婚姻规则、经济、宗教、人际关系等在内的无所不在的"社会交换体系"。在其经典之作《亲属交换的基本结构》(1949年)中，列维-斯特劳斯指出，在任何社会中，流通和交换都是在

① 参见[英]C·A·格雷戈里. 礼物与商品[M]. 姚继德、杜彬彬、郭锐，译. 云南大学出版社，2001：10-11.

② 所谓"单纯的礼物"是指某人送出一件东西，或者给予某种服务，而不期望或得不到回报，最为重要的类型便是丈夫和妻子之间、父母和孩子之间的那种形式。

③ [英]马林诺夫斯基. 西太平洋上的航海者[M]. 张云江，译. 中国社会科学出版社，2009：126.

④ 马林诺夫斯基所说的七种互惠形式分别是：(1)纯粹的赠礼。(2)回报既不规范又不完全等值的偿付。(3)服务的酬谢。(4)回礼必须是在价值上相等的赠礼。(5)用物质性财富交换特权、头衔等非物质性财产。(6)延期偿付的礼仪性实物交易。(7)单纯而简单的贸易。

⑤ [法]马塞尔·莫斯. 礼物[M]. 汲喆，译. 上海人民出版社，2002：54.

三个层面上进行的，即女人的交换、财富和服务的交换以及信息的流通和交换。萨林斯批评莫斯过于强调“礼物之灵”所具有的巫术力、宗教力和精神之力，他在马林诺夫斯基的基础上强化了互惠原则的可计算性。萨林斯确定了决定馈赠与交换之一般属性的三个重要变量：亲属关系的远近、合群度及慷慨度，并提出交换现象的三种类型：慷慨互惠、等价互惠和消极互惠。慷慨互惠的理想类型就是马林诺夫斯基所说的“单纯的礼物”；等价互惠习惯对收到的物品对等回馈，回礼毫不延迟；消极互惠是只进不出，交换的过程就是为了赚取实际利益。

此后，“互惠”概念被广泛地运用于对社会交换的分析，但用互惠来描述所有的交换形式，容易忽略不同社会中礼物流动的显著差异。比如，安德鲁·斯特拉森在新几内亚岛做调查时更为关注在等级情境中送礼者较之受礼者的优越性；梅耶·福蒂斯强调在塔伦西人(Tallensi 或 Talensi)的社会中，礼物交换具有维持潜在冲突因素之间的社会平衡方面的政治功能；乔纳森·帕里和格罗利·拉赫贾在分析印度的檀施之礼时，认为从统治种姓到从属种姓的礼物流动模式创造了一种文化统治的方式。这些研究成果表明礼物交换与等级地位、政治控制和文化支配也是联系在一起的，礼物背后的关系远比互惠更为复杂。

阎云翔在《礼物的流动——一个中国村庄中的互惠原则与社会网络》(1999年)中，完成了关于中国北方一个村庄中的礼物交换体系和人际关系模式的民族志报告。阎云翔根据礼物馈赠的目的区分了礼物的表达性和工具性，又根据具体的情境，把表达性礼物分为仪式性和非仪式性两种，把工具性礼物分为间接付酬、溜须和上油。他还通过探究赠礼、受礼和回礼的具体活动，发现下岬村民中四种通行的礼物交换规则，其中每一种都从不同的角度反映出互惠原则。最后，阎云翔分析评价了礼物交换体系和 40 年社会主义实践所带来的社会变迁之间的互动关系。

杨美惠在《礼物、关系学与国家——中国人际关系与主体性建构》(2009年)中，对中国城市的礼物交换与人际关系进行了系统的研究，重点分析关系学和国家再分配权力的关系，旨在揭示 20 世纪 80 年代中国经济仍然由中央强力控制的背景下关系学的社会意义。在她的书中，“关系学”和“礼品经济”是两个关键术语，“关系学”强调相互约束的权力和人际关系的感情和伦理特性，“礼品经济”突现礼品、好处、宴请交换这样的成分。她通过细致地描述属于关系学的话语和日常活动，来深入研究关系学中的艺术，如伦理、计策及礼仪等方面，并认为中国的礼品经济与关系艺术共同构成了一种与国家权力分庭抗礼的力量。

三、日本礼物交换的相关研究

日本国内的礼物研究最早是以民俗学为中心来开展的，主要围绕赠答①的契机、赠答品②的种类、礼节、社会关系、回礼等方面进行系统的民俗调查和资料收集。“日本民俗学之父”柳田国男认为，赠答习惯来源于神和祭神的人的共食现象。也就是说，祭神之后，作为神的回赠，祭祀的人们可以和神共同享用祭品。民俗学家和歌森太郎发展了柳田国男的共食理论，并推断出神人共食现象演变为人与人之间互赠礼物习俗的过程。20 世纪 70 年代以后，各个学科领域开始从不同的视角来研究日本的赠答文化。

美籍文化人类学家别府春海③从社会交换论的角度研究日本的赠与交换，他将赠礼契机分为“贈答(赠答)”和“もののやり取り”(物品的交换)两大类，并用不同的概念群加以区分。别府春海认为，战后产业结构的调整使人口向城市集中，以村落为舞台的赠答转向以社缘为媒介的送礼，赠礼活动变得越来越工具化。人类学家伊藤干治在《赠答的日本文化》一书中，以“赠答”“交换”“互酬性”等关键词为线索阐明了日本文化的赠答结构。他认为，现代日本社会存在着三种赠答类型：一是近代以前传承而来的中元、岁暮等赠礼节日，称为“连续型”；二是近代以后从欧美引进的生日、圣诞节、结婚纪念日等赠礼节日，称为“受容型”；三是 20 世纪 70 年代以后由特定企业所推动的情人节、白色情人节等赠礼节日，称为“创新型”④。

历史学家樱井英治在《赠与的历史学》一书中指出，日本古代、中世的租税源自祭神的习俗，即将初次收获的稻穗献给神灵的代表——地方统治者⑤。统治者向当地的富人征收名为“有德銭”的赋税，作为祭祀活动的经费开支。后来，“有德銭”走向世俗化，开始用于救济穷困百姓和修缮国家设施，于是，人对神的赠与过渡到人对人的赠与。日本学者山口睦于 2012 年发表了《赠答的近代》一书，旨在通过分析赠与行为，来揭示日本社会的近代化和地域社会的变迁。山口睦发展了别府春海对赠礼契机的二分法，将近代日本的赠与领域分

---

① 日本的礼物馈赠常用“赠答”一词来表述，即互相赠送礼品。

② 日语中的“赠答品”指的是礼品。

③ 别府春海也叫哈路弥·贝夫(Befu Harumi)。

④ 参见[日]伊藤幹治：《贈答的日本文化》，筑摩書房，2011 年版，第 59-60 页。

⑤ 参见[日]桜井英治：《贈与的历史学——儀礼と経済のあいだ》，中公新書，2011 年版，第 17 页。

为以下四类：传统的赠与领域、个人的赠与领域、公共的赠与领域和国民的赠与领域。

国外对日本礼物研究的专著相对较少。美国文化人类学家鲁思·本尼迪克特在《菊与刀——日本文化诸模式》中首次使用“义理”“人情”的概念来分析日本人行为方式的特点，她指出，日本人对“义理”的报答在思想上是毫厘不爽，等量对待①。日本人忌讳比所受馈赠更重的回礼——“赚礼”，认为这是不名誉的事情。“义理”的交换都要仔细记录下来，以备日后回报。如果逾期未报，“义理”上的负债就会像利息那样增长。法国社会评论家罗兰·巴特以符号学的观点写了《符号帝国》这部具有比较文化研究性质的著作，他把日本人日常生活的各个方面均看作一种独特文化的各种符号。关于日本的赠礼文化，巴特写道：“赠物者与受物者都为那件表示礼节的东西而相互施礼，那是个盒子，里面很可能什么东西也没有，或者干脆说，空空如也。”②精美的包装和廉价的内容形成了鲜明对比，外在的包装形式作为一种符号，使内在的内容虚无化，人们互相传递的礼物不过是一种空洞的符号而已。

目前中国对日本赠礼文化的研究主要集中在论文的层面，内容多为日本赠答习俗的特征和禁忌、日本人送礼的文化心理以及中日送礼习惯的比较等。如李东辉在论文《浅析日本人的赠答习俗与“义理”——以“中元节”为例》(2009年)中，通过对现代中元节赠答习俗调查数据的分析，揭示了义理与赠答习俗的关联，以及赠答习俗的意义变化。关向娜在《中日送礼文化比较研究》(2011年)一文中，通过对中日两国的送礼文化的异同点进行考察，分析隐藏在其背后的两国社会文化及国民心理。李彦在论文《从日本赠答习惯的历史变迁看赠答的文化心理》(2012年)中，通过分析日本三个重要历史时期(古代、近世、近现代)的重要特征，探讨赠答行为背后隐藏的文化因素，进而揭示日本人礼尚往来的文化心理——和意识。

上述这些论文的研究对象都是以日本传统的赠答习惯为主，涉及现代馈赠习惯的研究相对较少。王宇新在《日本年轻人馈赠行为考察分析》(2008年)一文中明确地比较了传统馈赠行为与现代馈赠行为的特点与变化，但是他只作了概括性的对比，并没有针对日本人馈赠行为发生变化的原因展开进一步的分析。王梦琪在《现代日本赠答习俗的特征及其社会作用》(2011年)一文中对现

① 参见[美]鲁思·本尼迪克特. 菊与刀——日本文化诸模式(增订版)[M]. 吕万和、熊达云、王智新，译. 译林出版社，2012：129.

② [法]罗兰·巴特. 符号帝国[M]. 孙乃修，译. 商务印书馆，1994：101.

代赠答习俗的特征进行了归类并对日本赠答文化的独特性进行了分析，然而她没有研究网络时代新的礼物形式，也没有从人际关系的角度来揭示日本社会礼物赠答和人际交往的特征。

第三节 研究意义

通过上一节的文献回顾，在梳理总结和分析研究国内外礼物研究理论的基本脉络的基础上，本书主要围绕以下四个问题展开研究。

第一，霍曼斯指出人是理性的动物，人际交往的根本目的在于获得最高酬赏和利润。霍曼斯的理性原则，忽视了交换行为中人的感情投入。别府春海认为现代日本的送礼行为越来越工具化，他的关注点在于共同体层面的义务性赠答活动，而忽略了对个人间礼物交换的研究。根据矢野经济研究所对日本个人礼物市场的跟踪调查，2000 年以来礼物市场发生了显著的变化："正式的礼物"(フォーマルギフト)呈现逐渐减少的趋势，而"随意的礼物"(カジュアルギフト)则在快速增长。这一变化表明现代赠礼活动并没有越来越工具化，反而越来越重视表达个人的真心实意。为什么个人间的随意性赠礼呈现出快速增长的势头？这是本书要研究的第一个问题。

第二，莫斯在研究古式社会的夸富宴时提出回礼要和收到的礼物相当，本尼迪克特也认为对义理的报答(即回礼)必须等量对待。然而，日本的传统馈赠节日中元和岁暮原则上并不需要回礼，只需要收到礼物后立即回复一封感谢信；如果实在想回礼的话，返还的礼物一般是收到礼物价值的一半。婚礼和葬礼的回礼通常也是收到礼物价值的一半或者三分之一。为什么存在这种象征性回礼和部分回礼的现象，礼物交换的互酬性原理在日本如何得以实现？这是本书要研究的第二个问题。

第三，萨林斯根据亲属关系的距离将互惠细分为慷慨互惠、等价互惠和消极互惠，他把礼物交换和商品交换看成一个连续体的两个极端，亲属之间交换礼物，而陌生人之间交换商品。萨林斯的分类法没有考虑到人际关系的距离会随着互动交流的频繁而变得密切。根据精神分析家土居健郎对日本人际圈层的划分，"他人"是一个与己无关的陌生人世界①。然而，随着互联网的普及，通过社交网站(SNS②)认识的陌生人即使不用见面也能互相赠送"社交礼物"

① 参见[日]土居健郎. 日本人的心理结构[M]. 阎小妹，译. 商务印书馆，2006：23.

② SNS 的全称是"Social Networking Service"，即通过互联网来构建人与人交流的会员制服务。

(ソーシャルギフト)①来传递心意。为什么社交礼物能在日本流行起来，反映出个人与他人之间的关系发生了怎样的变化？这是本书要研究的第三个问题。

第四，传统的礼物研究基本上都是从交换和互惠的视点出发，而日本从2005年起开始出现“自我赠与”(自己贈与)②的现象，即自己送给自己礼物。赵星植根据罗曼·雅柯布森的“符指过程六因素分析法”将礼物分为以下六类：自我礼物，关系礼物，虚拟礼物，仪式性礼物，言语礼物和诗性礼物，他认为“自我礼物”应当作为礼物的基本边界③。传统社会中没有自我赠与，这是在网络时代新出现的礼物形式，为什么日本会出现“自我赠与”的现象，这一现象是否解构了传统的礼物交换关系？这是本书要研究的第四个问题。

通过分析以上四个方面的问题，最终的落脚点在于研究网络时代日本社会人际关系的特点，因此本书在分析人际关系时会联系土居健郎的“依赖心理”④理论、社会人类学家中根千枝的“纵式社会”⑤理论、日本社会学家滨口惠俊的“间人”⑥理论以及北京大学尚会鹏教授的“缘人”⑦理论来展开论证。在此，对这四个理论的核心观点进行如下简要概述：(1)土居健郎的“依赖心理”理论强调了人际关系的三个层次：自然萌发的相互依赖，即亲子关系属于“人情”范畴；不属于自然而又允许相互依赖的关系则属于“义理”范畴；既非“人情”又谈不上“义理”的，便是无亲无故的他人。(2)中根千枝的“纵式社会”理论提出了“场所”“纵向”和“序列”这三个相互联系的概念，即由共同场所构成的集团通过纵向关系形成的序列的发展。(3)滨口惠俊从“人的系统”的角度出发，提出了与个人相对的概念“间人”，用以指称日本的“人的系统”，“个人”强调的是“个”(个体)，而“间人”强调的是“间”(相互关系)。(4)尚会鹏在滨口惠俊的理论基础上，提出用“缘人”的概念来表述日本人的“基本人际状态”，他认为“身内”(みうち)是一个感情最浓的圈子，适用“依赖”法则；

---

① “社交礼物”是指通过社交网站(SNS)向家人和朋友赠送的礼物。

② 日语中“自己贈与”的概念出现在山口睦『贈答の近代』(P237)。

③ 参见赵星植：《礼物作为交流符号的诸种类型》，载于《江苏社会科学》，2013年第6期，第162-164页。

④ 土居健郎在《「甘え」の構造》(1971年)一书中论述了“依赖心理”理论。

⑤ 中根千枝在《タテ社会の人間関係——単一社会の理論》(1967年)一书中论述了“纵式社会”理论。

⑥ 滨口惠俊在《間人主義の社会日本》(1982年)一书中论述了“间人”理论。

⑦ 尚会鹏教授在《“缘人”：日本人的“基本人际状态”》(2006年)一文中论述了“缘人”理论。

“仲間”(なかま)是一个半感情、半计算的圈子，适用“义理”法则；“他人”(たにん)则是完全不需要投注感情而能够实行公平法则的圈子。

随着网络时代的到来，人际关系呈现出新的特点。首先，网络时代的社会交往已经从熟人社会拓展到陌生人社会，但上述这些理论都将“他人”作为一个没有感情投注的外人圈子，显然难以解释陌生人之间的礼物馈赠。其次，网络时代出现了自我赠与的现象，而上述理论都只研究了个人与他者之间的关系，并没有论及个人与自我之间的关系。关于个人，土居健郎认为，在日本不存在脱离集团的个人权利，不愿承认个人有什么统一的人格价值，可以说在日本没有确立脱离集体的个人自由①。然而，泡沫经济破灭后，西方的个人主义文化影响了日本的年轻人，他们崇尚个性，优先考虑个人的利益和幸福。因此，研究自我赠与的现象对于分析当代日本年轻人自我意识的变化具有重要的意义。

第四节　主要内容和研究方法

一、主要内容

本书以网络时代日本的礼物赠答为研究对象，旨在分析礼物赠答的时代特征、形成原因及社会功能，进而挖掘礼物背后所隐藏的人际关系。本书共分为七章，各章的主要内容概括如下：

第一章绪论部分首先通过研究缘起引出本书的研究对象，然后在对礼物交换的相关研究进行文献梳理的基础上，明确本书的研究意义，并说明论文框架和研究方法，进而将“网络时代”和“赠答”作为本研究的核心概念加以阐释。

第二章将分四个历史阶段对礼物赠答的发展变迁进行纵向的梳理。古代赠答源于“神人共食”现象，带有明显的咒术性。中世时期由对神的献祭自然延伸到对神的代表者——地方统治者的进献，形成一种“上献下赐”的赠答关系，“折紙”②的出现代表了中世赠答的功利性。近世掌管武家礼法的伊势家族撰写了《包结之记》一书，象征着赠答礼法的确立。近世形成的义理观念迫使人们要返还与所受恩惠大致相当的东西，反映了赠答的均衡性。明治时代日

① 参见[日]土居健郎. 日本人的心理结构[M]. 阎小妹，译. 商务印书馆，2006：26.

② 日语中的“折紙”是指赠答品的目录，相当于一种兑付凭证。

本迅速西化，引进大量西方节日，礼物的包装也逐渐西化。以“オウツリ”①“お捻り”②为代表的象征性回礼表明“不均等交换”在人们的日常生活中普及开来。

第三章以日本心理学家井下理对礼物的分类为基础并结合时代的特点，将礼物分为“正式的礼物”和“随意的礼物”两种类型。所谓“正式的礼物”是指在中元、岁暮、婚礼、葬礼等“非日常”场合送出的礼物，这类礼物要求遵守传统的礼仪和惯例；而“随意的礼物”则不拘泥于固定的形式，主要包括生日、情人节、圣诞节等来自西方节日活动和“日常”生活中的个人赠礼。

第四章主要研究网络时代礼物赠答的特征。具体从赠答契机、赠答方式、礼物内容、赠答主体以及赠答动机这五个方面来展开分析并得出以下五点结论：(1)赠答契机的日常化。一方面，生日、情人节、圣诞节等西方节日活动的引入大大增加了日常生活中互赠礼物的机会；另一方面，互联网的便捷性使得赠送礼物变成一件简单而轻松的事情，人们随时随地都可以将电子化的“社交礼物”发送给网络上的朋友来传递一份心意。(2)赠答方式的间接化。传统的赠礼方式通常是由赠礼人亲自送到对方手中或家中，随着生活节奏的加快和电子商务的发展，越来越多的人选择委托商家邮寄或采取网上直邮的方式将礼物赠与他人，赠答行为从直接交换变成了间接交换。(3)礼物内容的多样化。传统的礼物包括食品、日用品、贺卡等实物形式，随着时代的发展，商品券、礼品卡等兼具交换价值和选择自由的礼物形式逐渐受到人们的青睐。此外，“目录礼物”③社交礼物和以电子贺卡为代表的虚拟礼物的出现极大拓展了礼物的范畴，反映出礼物的多样化趋势。(4)赠答主体的多元化。传统的赠答习俗以共同体(如村落共同体、企业共同体)为单位，战后的赠答活动逐渐从“家”(大家庭)为中心转为以小家庭和个人为单位，随着单身家庭的增加和人际关系的淡薄化，日本自2005年以来逐渐兴起了自我赠与。(5)赠答动机的复杂化。传统馈赠行为的动机是礼节性的、工具性的，目的是为了维护共同体的确认体系；而现代礼物馈赠则越来越个人化，并且越来越重视礼物所传递的情感意义。

第五章主要从雇佣形式的变革、家庭结构的变化、交往方式的改变、价值

① 日语中的“オウツリ”是指收到礼物时当即返还白色和纸等具有美好意义的物品作为回礼。

② 日语中的“お捻り”是指把米或者钱包在白纸中献给神佛或者用来送人。

③ “目录礼物”是指受礼人能从礼物的目录中选择自己喜欢的礼物。

观念的转变以及商业主义的推动这五个方面来分析网络时代礼物赠答发生变化的深层次原因：(1)雇佣形式的变革是赠礼动机发生变化的重要原因。(2)家庭结构的变化是自我赠与兴起的主要原因。(3)交往方式的改变不仅拓展了人际交往的范围，而且从根本上改变了赠送礼物的方式。(4)价值观念的转变使人们比起工作场所更重视家庭和个人，比起物质价值更注重获得精神上的满足。(5)商业主义的推动不仅增加了赠礼的机会，而且为顾客开发出多样化且富有个性的礼物。

第六章主要从以下四个层面来分析网络时代礼物赠答的社会功能：(1)促进日常的人际交往。(2)满足个人的情感需求。(3)传承赠答的礼仪习俗；(4)推动礼品市场的发展。首先，礼物作为人际交往的润滑剂，一方面有利于维持和睦的社会交往；另一方面有利于加强亲密的情感联系。其次，礼物作为表达情感和自我慰藉的手段，能够满足个人的情感需求。再次，礼物不只是赠送的物品，它还承载着仪式、礼节以及诸如“义理”“人情”等道德观念的表达。最后，礼品消费不仅间接促进了礼物馈赠文化的传承，而且也推动了地方经济文化的发展。

第七章结论部分首先从列维-斯特劳斯“关系战胜了绝对”的思想出发来分析日本文化既与西方不同又与东方不同的特点，然后根据土居健郎对日本人际圈层的划分，从情感性馈赠、符号性馈赠、随兴性馈赠和自慰性馈赠这四个方面来分析网络时代人际关系的特征。情感性馈赠主要发生在“身内关系”，这个交往圈以“人情”为原则，礼物馈赠的目的在于表达个人的情感。符号性馈赠主要发生在“仲间关系”，这个交往圈以“义理”为原则，礼物交换的目的在于维系和谐的社会关系。随兴性馈赠主要发生在虚拟时空中与陌生人之间的交往，反映了个人与“他人”建立起超越时空的“电缘关系”①。自慰性馈赠是将自我异化为“他人”，以对待陌生人的方式送给自己礼物，它是一种渴望“人情”温暖的自我实现方式。

二、研究方法

1. 文献研究法。本书主要采用文献研究法，既从历时的角度研究礼物赠答的历史变迁，又从共时的角度重点分析网络时代礼物赠答的特征。书中引用的数据资料大部分来自日本权威市场调查机构（如矢野经济研究所、DNP、MMD 研究所等），这些数据资料将作为重要的分析依据。矢野经济研究所自

① 堺屋太一提出用“電縁”这个概念来描述互联网中的人际关系。

1958年成立以来每年都会针对礼物市场展开调查和分析，通过这些追踪调查可以清楚地看到日本在经济高速成长时期、泡沫经济破灭时期以及互联网发展时期礼物市场的变化趋势。DNP(Dai Nippon Printing)是日本最大的印刷企业，从2001年开始着手关于生活者信息交流和购买行动变化的调查研究，其中关于礼物的调查资料尤为丰富和翔实。MMD(Mobile Marketing Data)研究所成立于2006年，是一家以移动终端为中心来调查消费者动向的市场调查机构，利用该机构的数据资料有助于分析网络时代的礼物消费特征。

2. 田野调查法。为了深入了解日本的礼物馈赠文化，笔者于2015年3月至6月在日本福冈县北九州市小仓北区进行了实地的调查研究，这段时间的访问学习和调查资料将作为辅助的分析依据。北九州市位于日本九州的经济中心福冈县，是日本九州人口规模第二大的城市、全日本第十三大城市。小仓北区是北九州市的七个行政区①之一，位于北九州市的中心地区，小仓城、小仓车站和北九州市政府都在该区域内。1602年细川忠兴建造小仓城后，小仓地区就开始因城下町②而繁荣。小仓北区占地面积39.23km^2，总人口约18万(截至2016年10月1日)，现为北九州市的市中心和重要商业地区。

3. 跨文化比较研究法。日本在古代吸收中国文化，在近代又向西方学习并逐步使其日本化，最终形成日本所特有的文化。比如像“中元”“赠答”“义理”这些概念虽源于中国却又有别于中国文化；再比如像“圣诞节”“情人节”这样的节日虽来自西方国家却又不同于西方习俗。因此，本书在分析日本礼物赠答的特点时不可避免地要运用跨文化比较研究的方法来区分日本和中国、西方的文化异同。

第五节 相关核心概念

本书以网络时代日本的礼物赠答为研究对象，因此“网络时代”和“赠答”是两个关键的核心概念。其中，“网络时代”特指1995年至今互联网和智能手机迅速普及的这段时期。“赠答”是日语中“礼物交换”概念的本土化表述。以下将分别对这两个核心概念进行具体阐释。

---

① 北九州市由小仓北区、小仓南区、八幡东区、八幡西区、户畑区、若松区和门司区等七个行政区构成。

② 城下町是指以封建领主的居城为中心，在其周围发展起来的城镇。日本现代的主要城市大部分由近世的这种城下町发展而来。

一、网络时代

科学技术的发展是社会变迁的重要推动力，作为现代科学技术最重要的成果之一，网络技术的发展和应用深刻地改变着人类的生产和生活方式。网络技术对社会发展的影响主要表现在两个方面：一是以信息技术为基础而形成的新的社会形态，也被称为网络社会；二是由互联网联结而成的网络空间或虚拟世界，也被称为虚拟社会。

网络社会生活中的人际交往既不同于传统的人际交往，也不同于现实社会生活中的人际交往。传统社会是根据人自身生存和发展的需要组成一定的社会群体来满足人们的社会需要的。由于传统社会的群体构成受到人的角色、身份、地位等因素的影响，所以人际关系的范围一般局限于职业、地位、权力、利益相似的社会阶层，常见的交流方式包括面对面的交流、信件交流、电话交流等。网络通信服务通过全方位、多层次的信息传输为社会成员提供了更方便、更广泛的社会交往，使人与人之间的沟通得到极大的延伸和拓展，彻底改变了传统的交往方式。

网络时代的社会交往超越了时空的界限，随时随地都能与不同地区、不同国家的人们在一起交往和娱乐。在网络社会中，人们的交往圈子扩大了，交往对象越来越多样化和复杂化。由于网络社会人际交往具有虚拟性和匿名性的特点，在互联网上，人际交往可以采用匿名的方式，互联网用户一般不发生面对面的接触，使人际交往更容易突破年龄、性别、外貌、健康状况、身份地位、社会背景等传统因素的影响。

日本的一般家庭从 1995 年开始普及互联网，1996 年的网络普及率仅有 3.3%，2013 年快速上升至 82.8%。到了 2016 年，日本的网络普及率高达 90.58%，居世界第十五位。短短二十年的时间，互联网改变了人与人之间的沟通方式，使人与人之间的交往变成人与机器之间的交流，从而使网络人际交往具有明显的间接性。网络没有中心，每个人都不是中心，但又都能以自己为中心，人与人之间的联系和交往趋于平等。而且，网络为人的个性化发展提供了广阔的空间，现实社会中人们所追求的自由和自主在网络社会中得到了充分的张扬。因此，在网络社会构筑的人际交往中，个体的需要和个性可以得到更充分的尊重与满足。

二、赠答

根据日本的辞典和百科事典的记载，对“赠答”一词有如下定义。

“おくるとこたえること。おくることとかかえしをすること。やりとり。”(赠与答。赠礼与回礼。互赠。)(新村编，1978 年，第 1293 页)

“詩歌・手紙または品物などを、おくったり、おくり返したりすること。”(诗歌、书信及物品的赠送与回赠)(日本大辞典刊行会编，1974 年，第 300 页)

别府春海在《考察作为文化概念的“赠答”》(1984 年)一文中对“赠答”的概念进行了界定和分析，他认为赠答只包括年中行事和冠婚葬祭等正式的礼物，而日常的物品交换则不属于赠答的范畴①。山口睦在《赠答的近代》(2012 年)一书中，明确指出日本用“贈答”这个本土词汇来表述“礼物交换(gift-exchange)”的概念。笔者认为既然“赠答”的含义是礼物交换，那么除正式场合外的日常礼物交换也应该属于广义的赠答范畴。

其实，中国也有“赠答”这个词，意思同样是互赠礼物、诗文等。那么，到底这个词是日本本土的，还是从中国传入的呢？在《南史・后妃传下・梁元帝徐妃》中有如下记载：“时有贺徽者美色，妃要之於普贤尼寺，书白角枕为诗相赠答。”可见，“赠答”最初是指诗文的互相赠送酬答。《南史》为唐朝李延寿所撰，记载南朝宋、齐、梁、陈四国 170 年史事。中国的南朝(公元 420 年-589 年)比日本派出遣隋使和遣唐使的时代要更早一些，而且历史学家源了圆在《义理与人情》一书中指出日本的赠答习惯形成于中世后期的武家社会，因此从时间上可以推断日语中的“赠答”一词应当是从中国传入的。不过，汉语的“赠答”多用于赠送和酬答诗文，而日语的“贈答”则主要是指互赠礼物。

日语中的礼物可以用很多不同的词汇来表达，比如“進物”“贈答品”“贈り物”“ギフト”“プレゼント”。“進物”和“贈答品”是汉语词汇，“贈り物”是和语词汇，而“ギフト”和“プレゼント”属于外来语词汇。这些词汇都可以作为名词来表达“礼物”的意思，其中，“プレゼント”不仅能够用作名词，还能构成动词“プレゼントする”表达“送礼”的含义。

伴随时代的发展，礼物赠答文化也在不断变化，随之出现了大量与“赠答”相关的日语词汇。在不同的使用情境下，“礼物”的表达也有所区别，比如“進物”“贈答品”一般用于中元、岁暮等社交性赠礼，“ギフト”“プレゼント”则多用于较为随意的赠礼场合。祝贺时的礼物主要有“出産祝い”(祝贺生孩子)“結婚祝い”(祝贺结婚)“新築祝い”(祝贺新房落成)等，葬礼的奠仪叫做

---

① 参见[日]伊藤幹治/栗田靖之編著：《日本人の贈答》，ミネルヴァ書房，2015 年版，第 21 页。

“御仏前”“御霊前”“御香典”等，慰问时的礼物则包括“病気見舞い”（生病慰问）“災害見舞い”（受灾慰问）“残暑見舞い”（残暑慰问）等。

大多数人收到礼物后都会还礼，日语称之为“お返し”（回礼），而且还礼的方式也是多种多样。中元、岁暮原则上不需要还礼，但至少要尽快送上“礼状”（感谢信）。在婚礼或葬礼等宴请结束时招待方会以“引出物”（赠送所请客人的物品）的形式回礼，“祝贺生孩子”“祝贺结婚”“祝贺新房落成”等是以“内祝い”（作为自家喜事的纪念所送的礼物）的形式还礼，病情好转或身体康复后回赠的礼物叫“快気祝い”（祝贺病愈），奠仪的回礼称作“香典返し”（奠仪回礼），受灾的慰问礼不需要还礼，待生活稳定后送上感谢信即可。日本人在送礼和回礼上，都有一套独特而烦琐的规则。透过这些丰富的词汇表达，我们不难窥见日本礼物赠答文化的复杂性和独特性。

第二章　礼物赠答的历史变迁

第一节　古代社会的赠答

最早研究日本赠答习俗的学者是民俗学家柳田国男，他认为赠答源于神人共食的现象，即祭神之后，参与祭祀的人都可以和神灵一起分享供品。受大陆文化的影响，日本自弥生时代进入农耕社会，形成了稻作文化的农耕仪礼和万物有灵的原始信仰。日本人认为，稻谷是神对人的恩赐，于是“初穗”(当年最早结的稻穗)成为祭祀活动中的重要供品，它和“直会”(祭神之后分享供品的酒宴)共同构成了人与神之间的赠答关系。

在弥生时代的收获祭上，人们将“初穗”供奉给神灵和祖先，并和神灵、祖先共同享用由稻谷制成的美酒和食物。随着这一方式在人与人之间的普及，人们开始在重要的节日里互相赠送供奉给神灵和祖先的祭品，以此表达感谢和祝福之意。“初穗”最初仅指稻穗，后来也指当年最早收获的农产品和海产品等。不仅如此，其他所有的生产行业都将其产品的一部分作为“初穗”供奉给神灵，商业、贸易等非生产活动所得收入的一部分也供奉给神灵。人们甚至将部分新铸的货币作为“初穗”供奉在神社，就连遣唐使带回的部分舶来品也供奉在神社。

时至今日，每年秋天在伊势神宫举行的“神嘗祭”①“新嘗祭”②上，天皇都会用当年收获的新米供奉神灵，然后亲自品尝这些新米，旨在感谢秋天的收成并祈祷五谷丰登、国泰民安。1873 年明治政府采用新历，将“新嘗祭”固定在每年的 11 月 23 日举行。1948 年昭和政府将这一天定为日本国民的法定节日——“勤劳感谢日”，其意义在于“尊重勤劳、庆祝生产、国民互相感谢”。

---

① “神嘗祭”是指天皇向伊势神宫供奉当年新米的祭祀，于每年 10 月 17 日举行。

② “新嘗祭”是指天皇向天神地祇敬献新谷以表示感谢，并且天皇本人也去参加尝食新谷的仪式，于每年 11 月 23 日举行。

正如法国社会学家涂尔干在《宗教生活的基本形式》中所指出的那样："他们仅仅把从神圣存在那里获得的一小部分返还给了神圣存在，而他们获得的却是神赋予他们的一切。"①按照涂尔干的说法，笔者认为"初穗"既可以理解为人对神的献祭，也可以理解为人对神的恩赐的一种回礼。与此相对，"直会"则可视为神对人的献祭的一种回礼。根据《日本书纪》中关于"新嘗祭"和"大嘗祭"②的记载，"嘗"字的古训是"ナフライ"，后来演变为"直会ナオライ"。

"直会"指的是祭神仪式结束后，祭司和氏子共同享用神馔神酒，从而达到神人一体，获得神灵护佑。关于"直会"的语源，神社本厅在『神道いろは』中给出了另一种解释，即"直会"是指"もとに戻る＝直る"（回归本源），意味着借助神人共食来解除禁忌和斋戒，从而回归平日的生活。虽然关于"直会"的语源暂无定论，但其核心的意义都在于通过神人共食实现神人一体，反映了日本人敬畏神灵，祈求神灵庇佑的文化心理。

第二节　中世社会的赠答

莫斯在《礼物》中重点论述了礼物交换行为中的三种义务，即"给予""接受"和"回报"，他虽提及"给神的馈赠"，却并未探讨"对神的赠与义务"。法国的另一位人类学家古德利尔基于莫斯的研究成果，明确提出了第四种义务，即"对神及神的代表者的赠与义务"。在分析中世日本的赠答时，笔者认为正是古德利尔指明的第四种义务在日本转化为了租税，形成中世"上献下赐"的赠答特点。历史学家樱井英治在《赠与的历史学》一书中概括了石母田正关于日本租税起源的观点，即租税源于将土地的一部分收成作为"初穗"献给神的代表——地方统治者。

古代对神的献祭是一种自发性的行为，然而中世对神及神的代表者的赠与却表现为一种强制性的赋税。中世变身租税的赠与中，"有德銭""トブラヒ""タテマツリモノ"是最具代表性的三种。"有德銭"指的是向有钱人征收税金作为祭神的费用。中世民众推崇一种"有德思想"，即"富める者が支払うべし"（有钱人应该出钱）③。"有德"也写作"有得"，这是因为当时的人们认为

---

① ［法］涂尔干. 宗教生活的基本形式［M］. 商务印书馆，2011：468.

② "大嘗祭"是指天皇即位后第一次向天照大神和天神地祇进献新谷并自己尝食的、一代一次的"新尝"祭事。

③ ［日］桜井英治.《贈与の歴史学——儀礼と経済のあいだ》，中公新書，2011年版，第52页。

品德的"德"等同于收入的"得"。室町时代的"有德銭"逐渐走向世俗化，开始用于救济饥民和修缮公共设施，于是源自祭神的"有德銭"从人对神的赠与过渡到人对人的赠与。

"トブラヒ"也称作"助成"（じょじょう），指的是亲属、同僚间的扶助性赠与。一旦某人因招待贵客、进献礼物面临数额巨大的支出时，亲朋好友便会在经济上给予支援。这种私人间的扶助赠与，在镰仓时代呈现财源化趋势，即国家财政开始依存于"トブラヒ"，樱井英治将其称作"赠与依存型财政"①。"タテマツリモノ"又称作"境迎"（さかむかえ）"三日厨"（みっかくりゃ）等，是一种款待客人的仪礼。当中央派遣的官员来到地方时，当地老百姓便在边界设宴招待，并向官员赠送"引出物"。后来，这种宴请逐渐负担化和货币化，成为中世老百姓的"公事"（杂税）之一。现代的日本人将中世款待客人的习俗发展为"欢迎会"的形式，常用于欢迎新同事、新同学或远道而来的客人，并在婚宴等场合向客人赠送"引出物"作为一份回礼。

以上三种从对神和神的代表者的赠与发展而来的租税，反映了中世赠答的世俗化和政治功能，室町时代出现的"折紙"（目录）则凸显了中世赠答的功利化和经济意义。中世后期随着市场经济的发展，礼物的交换价值受到人们的重视，日本人开始将金钱用于赠答。不过由于赠送金钱省去了筹备实物所需要的时间和精力，所以当时的观点认为"实物是厚礼，金钱是薄礼"②。

中世的人们在赠送现金时并不是立刻就拿出现金，一般的做法是先送出写有赠与金额的"折紙"，过一段时间再送上现金。当受赠者拿到现金以后，便将"折紙"作为清算的依据还给赠送者。"折紙"的作用在于提前传达赠礼的意图和方便日后清算，但由于从送出"折紙"到送上现金并没有时间的期限，所以有人送出"折紙"后好几年都没有送上现金。这种方式对赠送者而言具有两点益处：一是没有足够的现金也能实施赠与行为，由于中世后期的皇族、贵族没有足够的经济收入来应对各种赠答活动，他们便用未来的收入来清算过去的赠与；二是避免出现亏本交换，这是因为中世的很多赠与带有贿赂性质，倘若受赠者不能满足自己的期待，赠送者可以放弃兑现赠与。

作为仪礼的"折紙"，一定程度上缓和了赠与中上下关系的强制力，并为

① ［日］桜井英治：《贈与の歴史学——儀礼と経済のあいだ》，中公新書，2011年版，第134页。

② ［日］桜井英治：《贈与の歴史学——儀礼と経済のあいだ》，中公新書，2011年版，第52页。

中世后期穷困的贵族社会带来了赠与的合理化选择。“折紙”的出现，使得赠与的抵消成为可能。比如，本来需要缴纳十贯的“年貢”(地租)，因为有八贯的“折紙”还没有兑现，所以只需缴纳二贯就行了。如此一来，收到“折紙”的一方如果回赠相同金额的“折紙”，那么无需现金的流动就可以完成两者之间的赠与。因此，中世出现的“折紙”表明不只是实物，信用本身也能成为赠与的对象。由于这种赠与方式带来的信用问题逐渐威胁到经济环境，人们开始严肃对待现金的支付，拖延很久不兑付现金的情况越来越少。直到现在，日本人仍然保留着赠礼时附上“折紙”的习俗，如在委托商场寄送大件礼物(如电视、洗衣机、沙发等)时，由于不能亲自送到，也会提前给对方送上“折紙”。

第三节　近世社会的赠答

中世的租税与赠答、宴会有着密切的联系，是一种赠与的特殊形态。源了圆在《义理与人情》中指出，日本人互赠礼物的习惯是从中世后期武家社会成立之后开始的，这也与室町幕府的要人伊势贞亲在《伊势贞亲教训》中所说的“他家送来的礼物，应该相当的返还”相一致。到了近世，武士阶级登上政治舞台，义理成为武士必须遵守的原则，这一时期的赠答特点主要表现为仪礼性和均衡性。

近世武家文化形成之后，武家礼法逐步完备，赠答礼仪也得到严格的确立。武家社会开始使用纯白的和纸作为赠答的包装用纸，掌管武家礼法的伊势家族结合日本人的美意识，创造了日本独有的礼法“折形”(包装礼物的礼法)。伊势贞丈对江户时代以前的口承及古书记载的礼法进行系统梳理，写成《包结之记》一书，该书的问世标志着日本赠答礼仪的确立。《包结之记》由“包之记”和“结之记”两部分构成，“包之记”主要介绍用和纸包装礼物的做法，“结之记”主要是用图形说明“水引”①(礼绳)的系法。

“水引”和“礼签”②(熨斗)是日本人赠礼时常用的传统装饰品。根据“语源由来辞典”的注解，“水引”源于遣隋使小野妹子回国时，同行的答礼使者所带贡品上的红白麻绳，从此产生了为献给宫廷的贡品系上红白麻绳的习惯。室

① 日语的发音是“みずひき”，将3或5根并排在一起固定成的多股纸绳儿，作扎捆礼品纸包用。根据庆贺、吊丧等不同用途，决定所用颜色与扎结方式。

② 日语的发音是“のし”，它是礼品上附带的饰物，与干鲍鱼片形状相似，用彩纸折成细长的六角形物，亦指该形状的印刷物。

町时代以后，涂过糨糊的纸捻取代了麻绳，正式成为包装用的礼绳——“水引”。江户时代，各种礼绳的系法固定下来，其中主要的系法有“死结”(結び切り)和“蝴蝶结”(蝶結び)。“死结”用于婚礼、葬礼、探病等不希望重来的赠礼场合，而“蝴蝶结”则用于希望重来的赠礼场合。婚礼等喜庆场合一般使用红白或金银相间的礼绳，而葬礼则使用黑白或黄白相间的礼绳。

“熨斗”本来是风干的鲍鱼片，最初被用作祭神的供品。从江户时代开始人们把可以长期保存的“熨斗”用于婚礼等喜庆场合的赠礼。现在的礼签一般都是纸制的模型，和礼绳一起用来装饰“礼金袋”(熨斗袋①)。根据礼金的多少，人们可以选择不同的礼金袋。有的礼金袋大气而豪华，上面装饰着精美的礼签和礼绳；也有的礼金袋小巧而朴素，上面直接印刷着礼签和礼绳的图案。“礼金袋”现在也叫“祝儀袋”，是一种在婚礼等喜庆场合用来装礼金的信封，若是葬礼等非喜庆场合则使用“不祝儀袋”或“香典袋”。

“包袱皮”(風呂敷②)也是日本传统包装的代表，它源于室町时代大名洗澡时把布铺在地上包裹衣物的习惯，江户时代在庶民中逐渐普及，并开始被商人用于包装物品。当时有个商号为“大文字屋彦右卫门”的商人，为祈愿财运亨通，他准备了大量印有圆形“大”字图案的方巾赠送给来店购物的客人，为顾客提供方便的同时又兼具广告宣传作用。得益于崇尚自然、追求复古的风潮，包袱皮在现代生活中依然吸引了众多女性消费者，但其主要功能却从包装材料化身为回礼用的礼品。

近世以后，日本人在出生、婚丧仪式等重要日子时，开始记载赠送人的姓名、礼物内容及数量，记载用的账本称作“祝儀帳”(喜事记账簿)和“不祝儀帳”(丧事记账簿)。人们将账本作为还礼的重要依据，为了不欠下义理，将来要在相同情况下回赠等质等量的物品。日本学者石森修三认为，因为义理观念受到了前所未有的重视，所以账本就成为不缺失义理的重要凭证③。

关于“义理”的产生，源了圆曾说过，在日本农村见到的“义理”最原始的形态，其实在古代社会就已经出现了④。传统的水稻生产是在农村进行的，这

① 日语的发音是“のしぶくろ”，是指附有或印有礼签和礼绳的纸袋，送礼时把钱放在里面。

② 日语的发音是“ふろしき”，是一种用来包东西用的正方形布。

③ 转引自李彦：《从日本赠答习惯的历史变迁看赠答的文化心理》，载于《黑河学院学报》，2012 年 6 月第 3 卷第 3 期。

④ 转引自李东辉：《浅析日本人的赠答习俗与“义理”》，载于《日语学习与研究》，2009 年第 3 期。

就需要人们互相帮助，尽管这种帮助不期待任何回报，但得到帮助的人还是会寻找机会表达谢意。“义理”作为一个概念可以追溯到儒家的朱子学派。在江户幕府时期，日本的武士阶层开始学习和推广朱子学派的思想，并以朱子思想的“义理”作为他们应该在武士社会履行的道德义务。本尼迪克特认为，履行义理就是无论如何都必须回报的原则，而且“义理”的回报必须等量对待①。人们接受他人的赠礼等于背上了无形的债务，如果不返还的话便无法在社会上立足。

第四节　近现代社会的赠答

日本进入近代社会，随着工业化的发展，人口开始向大城市集中，村落共同体逐步瓦解，取而代之的是企业共同体的形成。基于地缘和血缘关系的赠答慢慢转向以社缘②关系为中心的赠答活动，赠答的主体也逐渐由大家庭转为核心家庭或者个人。日本在继续保留中元、岁暮等传统节日的同时，从西方引进了很多新的节日。

明治维新以后，日本走上学习西方的“脱亚入欧”之路，开始大量引进外来词。尽管日语中“礼物”的表达已经十分丰富，汉语词汇有“贈答品”“進物”“中元”“歳暮”“年賀”(拜年)等，和语词汇有“贈り物”“お裾分け”(分送给邻居的礼物)“お土産”“お祝い”(贺礼)“お見舞い”(慰问礼)等。但日本还是从西方引进了“プレゼント”“ギフト”等外来词，并派生出许多复合词，如“バースデープレゼント”(生日礼物)“クリスマス”(圣诞礼物)“パーソナルギフト”(个人礼物)等。在企业和百货商店的推动下，日本引进了圣诞节、情人节、母亲节等西方节日。传统的中元、岁暮属于礼节性的赠答活动，在企业共同体中主要表现为赠送礼物给自己的上司、同事和客户，表面上是自愿的，实际上隐含着强制性。而日本从西方引进的个人化节日活动没有强制性，人们可以按照自己的意愿来表达一份真诚的感情，礼物的内容也不再千篇一律。在礼品的包装上，日本人开始采用西式包装，并且根据需要搭配各种漂亮的丝带。

伊藤干治在“赠答的日本文化”中对“二战”以前和“二战”以后的回礼方式进行了比较研究，发现“二战”以前基本是等价回礼，“二战”以后开始出现了

① 参见[美]鲁思·本尼迪克特．菊与刀——日本文化诸模式(增订版)．吕万和、熊达云、王智新，译．译林出版社，2012年版，第129页。

② “社缘”是指以公司(日语写作“会社”)为交往场所的人际关系，也称作“职缘”。

“オウツリ”之类的象征性回礼。“オウツリ”也叫作“オタメ”“カヤシ”等，是指收到装在竹筐或木盒里的礼物时要在容器中放入一点回礼，通常会放火柴或练字用的白色和纸，象征着吉利。放火柴是因为火柴上有硫黄，而硫黄(いおう)的发音和“祝う”(いわう)一词很接近。放练字用的和纸则是因为纸(かみ)和神(かみ)的发音相同。日本人认为让送礼人空手而归是很失礼的，所以现在的人们在日常的赠答中也会送上一些点心或罐头作为“オウツリ”，特别是当晚辈或下属送上中元、岁暮的礼物时，作为长辈或上司通常会准备一点这样的回礼。“お捻り”也属于“オウツリ”一类的习俗，它和“心づけ”“チップ”等都表示为感谢别人而给点小钱。现在日本人在中元、岁暮的时候用感谢信来代替回礼也可以说是一种象征性回礼。倘若无论如何都想回礼的话(比如收到以前没有送过礼的人寄来的礼物)，一般回赠收到礼物价值的一半，即“半返し”(减半回礼)。在婚礼和葬礼的时候，日本人的习惯也是返还所接受礼物的一半或者三分之一。

第三章　网络时代礼物的分类

第一节　礼物的分类标准

别府春海是第一位根据赠礼人的“动机”对礼物进行分类的学者，他将礼物分为“表达性礼物”与“工具性礼物”，并认为礼物交换同时具有表达性和工具性的功能：“表达功能即赠者和收者之间既有的地位关系决定了礼物交换的情状(要送礼物的种类与价值)，而馈赠支持了该地位关系。这与礼物馈赠的工具性运用形成了对照。在后一种类型中，交换状况(礼物的特点与价值)决定了地位关系，即，一个人通过送礼而操纵了地位关系”①。阎云翔根据别府春海的二分法，再结合礼物交换的情境，将礼物分为“仪式场合中的表达性礼物馈赠”“非仪式性场合中的表达性礼物馈赠”和“工具性送礼”三种不同的类型。阎云翔指出：“表达性和工具性的因素在几乎所有的馈赠活动中都同时存在，只是比率不同而已。”②在对日本的礼物进行分类时，笔者深感礼物的表达性和工具性难以单纯界定，比如中元和岁暮这两个节日是人们对过去所受到的关照表达感谢的时机，其表达性的因素不言而喻，然而在表达感谢的同时往往还期待着今后请继续关照，这就又有了工具性的因素。

在研究现代日本的礼物馈赠时，根据赠礼主体的不同一般将礼物分为个人礼物和法人礼物两大类。法人礼物是指以企业为单位赠送给客户的礼品或纪念品，目的在于通过对客户表达感恩来维护企业的社会信誉。本书旨在通过研究人与人之间的礼物交换来探讨网络时代的人际关系，因此研究的对象主要是个人礼物，并不包含法人礼物。井下理在《赠答行为考察日本人的人际关系》(1960年)中根据赠答的契机将礼物分为“定型的なギフト”(定型礼物)和“非定型的なギフト”(非定型礼物)，其中，定型礼物的赠送时机包括季节性、周

① 转引自阎云翔：《礼物的流动》，上海人民出版社，2000版，第99页。
② 阎云翔. 礼物的流动[M]. 上海人民出版社，2000年版，第44页。

期性的节日(如中元、岁暮、圣诞节)和人生仪式(如结婚、生孩子、祝寿)；非定型礼物的赠送时机则包括特殊活动的赠礼(如祝贺开业大吉、祝贺考试合格)和个人化赠礼(如送礼物给自己喜欢的人)。在井下理的分类基础上，笔者认为可将个人礼物进一步细分为“正式的礼物”和“随意的礼物”，“正式的礼物”基本对应“定型礼物”，“随意的礼物”基本对应“非定型礼物”。但由于圣诞节、情人节等来自西方的赠礼活动不受形式上的约束，讲究自由给予，所以笔者把这类赠礼也列入随意的礼物。

安部麻奈美等在《百货商店礼物市场的扩大》(2010 年)一文中，对“随意的礼物”和“正式的礼物”作出了如下定义：“随意的礼物”是指生日、情人节、圣诞节等个人化活动及日常生活中的赠礼，“正式的礼物”是指中元、岁暮、婚宴回礼之类遵守礼仪和惯例的礼物①。结合这一定义，本书将季节性、周期性的传统节日和人生仪式归为正式的礼物，将来自西方的节日活动和日常生活中的个人赠礼归为随意的礼物。

之所以采用这一分类方法，是因为“正式的礼物”和“随意的礼物”主要有以下三点不同：(1)时间不同。正式的礼物基本上都是在特定的时期送出，没有时间上的自由。而随意的礼物中除了来自西方的节日活动，其他都是不定期的，在时间上具有选择的自由。(2)形式不同。正式的礼物需要遵循传统的包装礼仪，比如“熨斗紙”(印有礼签和礼绳的白纸)“祝儀袋”(庆贺用的礼金袋)“不祝儀袋”(吊唁用的礼金袋)等，这些包装上一般会署上送礼人的姓名、地址及礼金的数额，因此具有记录的性质，这些信息将成为收礼人回礼的重要依据。而随意的礼物一般采用简单的西式包装，甚至可以不用包装。(3)动机不同。正式的礼物需要遵循人际交往的基本原则，在赠送礼物时带有一定的被迫性。而随意的礼物通常是在自己想送礼物的时候自愿送出，并不是非送不可。

第二节　正式的礼物

正式的礼物主要包括两类：季节性、周期性的传统节日(如中元、岁暮、新年)和人生仪式(如婚礼、葬礼)。下面分别通过这两个类别中的典型实例来分析正式的礼物在赠礼和答礼方面的特征。

---

①　日语原文是：“「カジュアルギフト」とは、誕生日、バレンタイン、クリスマスなどの個人的なイベントや日常に密着した物で、「フォーマルギフト」とは中元・歳暮、披露宴引き出物などの儀礼やしきたりに則った物である。”

一、季节性的传统节日

1. 中元和岁暮

(1)由来

中元和岁暮都是源于祖先崇拜和神人共食的传统节日。中元是把中国道教的中元节(7月15日)和佛教的盂兰盆节(7月15日)结合在一起的节日，盂兰盆节在推古天皇606年时传入日本，根据《日本书纪》的记载，平安·镰仓时代在日本扎根下来。进入江户时代以后，盂兰盆节作为民间仪式得以盛行，人们在拜访亲属和熟人时开始赠送“盆礼”(盂兰盆节前送出的慰问礼)，这种盆礼也叫“中元”。而岁暮则是人们为了在新年祭祀祖灵而将所需要的供品在年底送往父母家中，和中元一样，岁暮赠礼的习俗也是在江户时代普及到老百姓的生活中。

中元、岁暮最初的赠礼对象主要是父母，目的是为父母祈福消灾，由于江户时代商业的发达逐渐发展为向关照过自己的人赠送礼物。当时的商品买卖采用的是赊账的形式，商人们把中元和岁暮作为结算期，并且赠送毛巾和扇子等给业务伙伴作为日常关照的谢礼。因此，从江户时代开始，传统的祭祀先祖的节日文化中增加了商人赠送礼物给业务伙伴的内容，从而大大拓展了中元和岁暮的礼物内涵。

(2)赠礼

中元和岁暮是日本每年两季的馈赠节日，中元礼又叫“夏ギフト”(夏季礼物)，岁暮礼也叫“冬ギフト”(冬季礼物)。各地区的中元和岁暮没有统一的时间规定，仅以关东地区和关西地区为例，关东的中元节是从7月1日至7月15日，而关西则是从7月15日至8月15日；关东的岁暮是从12月1日至12月20日，关西则是从12月10日至12月20日①。近年来，在各大百货商店的筹备推动下，中元和岁暮均出现提前的趋势，地区间的时间差正在缩小。如果中元已过，便以“暑中見舞い”(盛夏慰问)或“残暑見舞い”(残暑慰问)的名义送礼；若是错过岁暮，则以“年賀”(拜年)或“寒中見舞い”(寒冬慰问)的名义送礼。

中元和岁暮作为定期表达感谢的礼物，一旦开始赠送就得连续不断地送下去，而且每年赠礼的价值不应低于上一年。但并不是中元和岁暮都需要送礼，

① 资料来源：http://www.best-manner.com/manner/season/chugen-seibo.html。

相比较而言，岁暮比中元更为重要，如果只送一个节日的礼那么就选岁暮，如果两个节日都送的话，那么岁暮礼的价值应比中元礼略高一些。由于中元、岁暮源于祭祀用的供品，所以赠送的礼物内容多为食品，如啤酒、火腿、点心等，近年来商品券和目录礼物已成为十分受欢迎的礼品。比起礼物的内容，礼物的包装更为重要。在商品外包装上需附上印有礼签和礼绳的白纸，使用白纸是因为白色象征神灵和洁净。最后，在礼绳的上方用黑色墨水书写“お中元”或“お歳暮”，并在礼绳的下方用较小的字体写上自己的名字。以前需要登门拜访赠送礼品，现在人们大多通过百货商店代为寄送或直接在网上购买并寄给对方。不过仅仅赠送礼品是不够的，还有必要另附一封表达问候的书信。问候信可以与礼品同时寄出，也可以安排在礼品到达前的两三天内邮寄给对方。

(3)回礼

中元是对半年的关照表示感谢，岁暮是对一年的关照表示感谢，所以中元和岁暮实际上都是对所受到的“无形的关照”的一种回礼，因此从原则上来说是不需要回赠礼品的，只需在收到礼物后立即打个电话或寄封回信表达谢意即可。无论如何都想回礼的话，中元可以借“盛夏慰问”和“残暑慰问”的名义回礼，岁暮可以借“拜年”和“寒冬慰问”的名义回礼。

返还的礼物一般是收到礼物价值的一半，但也有返还同等金额的情况。减半回礼的目的是让对方没有负担，容易接受回礼。日本人如果不想保持交往，在收到礼物之际，不仅返还同等金额的礼物，还会在感谢信上写上诸如“今度のお気遣いは無用です”(今后请不必费心)等话语。日本人忌讳比所受馈赠更重的回礼，倘若回赠礼物的价值远高于所收到礼物的价值，那就表明对方不希望再次收到礼物，同时暗含拒绝继续来往的意思。

根据笔者在日本的田野调查，一位三十多岁的家庭主妇T带有反思性地讲述了自己的回礼经历，这个例子也表明在日本一般不宜回赠更贵重的礼物，尤其对方是身份地位比自己高的人。

> 有一次收到前辈精心准备的礼物，为了不失礼节，我特意挑选了价格稍贵的礼物作为回礼送给前辈。但是，自己后来才意识到回更重的礼反而伤了前辈的面子，是很失礼的行为。(2015年4月12日访谈资料)

对比中国人的回礼习惯，便不难发现中日两国在回礼上的异同。与日本人一样，中国人也很忌讳“赚礼”，所以至少应回赠同等金额的礼物，但最好回礼能比收到的礼物更丰厚一些，多出的部分既表示回礼人希望继续保持交往，也会让回礼人感觉更有面子。社会学家费孝通在《乡土中国》一书中这样写道，“欠了别人的人情就得找一个机会加重一些回个礼，加重一些就在使对方反欠了自己一笔人情。来来往往，维持着人和人之间的互助合作。”①也就是说，如果不欠人情，也就无须往来了。可见，中国人回更重的礼是希望对方欠自己人情，而日本人回一部分的礼是为了减轻对方的心理负担，两者的出发点是不同的。

2. 新年

(1)赠礼

日本自古以来都有在新年迎接和祭祀年神的习俗，拜年时人们互相赠送祭祀年神的供品，这些供品在日语中被称为“御歳魂(お年玉)”。不知从何时起人们开始在新年互相赠送“手土産”(拜访他人时随手携带的简单礼物)，给孩子的礼物称作“お年玉”(压岁钱)，给长辈的礼物叫作“お年賀”(贺年礼)。正式的礼节是在新年②的三天时间里亲自上门送礼，如果错过这三天，则在松内③期间送礼。若是过了松内，就只能以“寒冬慰问”的名义送礼。

“压岁钱”源于将供奉给年神的镜饼分给敬拜者的祭神仪式，由于商家在新年时会给雇工零花钱，所以后来演变为在新年给孩子压岁钱的习俗。压岁钱一般是长辈送给晚辈的礼物，通常送给亲戚或关系很熟的孩子。由于身份地位的差距，在日本给上司的小孩压岁钱属于失礼的行为，礼貌的做法是送贺年礼。压岁钱的金额也并不是越多越好，而应该随着孩子年龄的增长而逐渐增加，一般在3000日元至10000日元之间。以前的压岁钱要装在礼金袋中，礼绳是红白的蝴蝶结，现在多用一种叫作“ポチ袋”(小纸袋)的简易信封来装压岁钱。

大学生K向笔者讲述了她在大学毕业以前收到压岁钱的情况，说明日本给压岁钱一般是到高中，但也有一些人给到大学毕业。

> 在大学毕业之前，每年我都能收到压岁钱，虽然父母没有给压岁钱，但亲戚和堂哥堂姐会给。老实说，大学还收压岁钱真是不好意思。压岁钱

---

① 费孝通. 乡土中国[M]. 人民出版社，2008：91.

② 日本的新年是指1月1日至1月3日这三天。

③ 松内是日语“松の内”的中文翻译，指的是新年在玄关装饰门松期间，关东地区从1月1日至1月7日，关西地区从1月1日至1月15日。

> 的金额一般是1万日元，一边说着“すみません”(不好意思)，一边接过压岁钱。通常认为收压岁钱的年龄到高中毕业为止。我把高中收到的压岁钱用于缴纳私立大学的考试费，所以很感恩收到的压岁钱。(2015年4月5日访谈资料)

“贺年礼”的赠与对象主要是父母、亲戚等年长的人，礼物的平均价值在4000日元左右。若是送过岁暮礼，就不用再送新年礼了。礼品上要附一张印有礼签和礼绳的白纸，礼绳是红白的蝴蝶结，礼绳上方用黑墨水书写“お年賀”或“お年始”，下方用更小的字体写上自己的名字。和中元、岁暮有所不同，赠送新年礼需要亲自登门拜访，一般不能采用邮寄的方式。即使万一不能亲自送礼，也不宜从购买礼物的商家直接邮寄，而只能从自己家里寄送给对方。

笔者的中国朋友L分享了自己有一次在新年时拜访日本友人的经历，她发现日本人送的新年礼物和我们过年送的礼品差别很大。

> 我去超市商场看过以后，发现日本人的拜年礼物很注重实用性，都是人们日常生活中必不可少的用品，比如酱油、香皂、毛巾等，不是像我们这里过年送礼的烟和酒等非生活必需品，而且在价格上也有所控制，并非越贵越好。为了体现中国特色，我特意带上自己亲手包的饺子去拜访日本朋友，他们看到我包的饺子感到特别高兴。所以说，在日本人眼里，拜年送礼物主要是表达心意，讲究实用性，而不必在意礼物的贵贱。(2016年7月20日访谈资料)

除了赠送礼品，日本人一直保持着在新年时互相邮寄贺卡的传统习俗，寄送贺卡一方面是为了表达新年的问候，另一方面也是为了告知各自的近况。为了能够确保在新年的第一天收到贺卡，邮局寄送的截止日期一般是12月25日。贺卡最迟应在1月7日以前送达，如果没有赶上寄贺卡的时间，则以“寒冬慰问”的名义表达问候。随着电子贺卡的出现，传统贺卡的数量较以往有所减少，但是从贺卡发行的总量来说还是十分引人注目的。

(2)回礼

新年礼的主要目的是问候，对一年来的关照表达感谢，所以一般不需要特意回礼。如果拜访者带了小孩，可以给小孩“压岁钱”作为回礼。如果拜访者留下来吃饭，则可以招待吃饭的形式作为回礼。若实在想以礼品的方式回礼，那么在商品上要附一张印有礼签和礼绳的白色，礼绳用红白的蝴蝶结，礼绳上方写着“松の葉”(一点心意）或“御礼”(谢礼)。对于别人寄来的贺卡，应尽快给予回复或回信，若寄给对方的回信晚于1月7日送达，则以“寒冬慰问”的名义回信感谢。

二、人生仪式

1. 婚礼

(1)赠礼

日本的结婚贺礼一般分为礼品和现金两种，其中最受欢迎的礼物是现金、商品券和目录礼物。赠送礼品时，要注意考虑对方的需求和礼品的禁忌，礼品应提前一两个月至一周送达，不能在婚礼当天送给对方。原则上应将礼品亲自送到对方家里，但现在也可以请百货商店代为寄送。倘若赠送礼金则在婚礼当天把礼金包在礼金袋里送给对方，礼金必须用新钞，礼绳一般是用红白色的断结。礼绳上方用黑墨水书写“寿”(ことぶき)或“御結婚御祝”，礼绳下方用更小字体写上自己的名字。

赠送礼金的习惯源自参加婚宴的人自带酒水和菜肴一起祝贺结婚，意义在于每个人都分担一部分婚礼费用。礼金的数额一般从1万日元至10万日元不等，具体赠送多少由双方关系的深浅程度来决定。平均的标准是3万日元，送亲戚的话5万日元比较好，若是送家人礼金则可高达10万日元。根据礼金的数额应选择不同的礼金袋，礼金越多，礼金袋越豪华。实在无法参加婚礼时要尽早告知对方，除去餐费后的礼金只需要出席婚礼的一半或三分之一，在日本可以通过邮局把礼金寄给对方，但必须附上一封祝贺信。

除了传统的结婚典礼，现在也很流行轻松随意的会费制婚礼。会费制婚礼源于北海道地区的婚礼习俗，餐费以会费的形式由客人承担，这样便减少了新婚夫妇的婚礼支出。由于客人缴纳的会费已经包含了礼金，一般不用另外赠送礼金。会费通常在1万日元左右，是传统礼金平均标准的三分之一，因此也减轻了客人的人情支出。由于会费本身并不是礼金，所以不用包在礼金袋中，装进白色信封里或直接给现金都是可以的。

笔者在日本做田野调查时，正好在东京的日比谷公园见到了在户外举行的一场婚礼，随行的日本朋友T向我们说明了会费制婚礼受到欢迎的原因。

> 会费制婚礼比较随意和自由，不需要专门的婚礼会场，在酒店里举行即可。形式趋于简单，而内容则更加富有个性化，并且节约了准备“引出

物”和“お車代”①等费用。举行会费制婚礼时，每个人缴纳的会费都是平等的，没有立场关系的区分，十分便利。传统的结婚仪式动辄需要花费几百万日元，而会费制婚礼含服装仅需二十几万日元，所以越来越受欢迎。(2015 年 6 月 14 日访谈资料)

(2) 回礼

出席婚礼的人在婚宴结束时都会收到一份叫作“引出物”的礼物，这份礼物实际上就相当于回礼。没有出席婚礼的人会在婚礼结束后的一个月内收到叫作“内祝い”的礼物，“内祝い”的本意是借助“お祝い品”(贺礼)的形式让大家分享自家办喜事的高兴心情，据说以前是在收到结婚贺礼前向亲友分发“内祝い”，现在则将“内祝い”作为结婚贺礼的回礼方式，回礼的价值通常是收到礼物的一半或者三分之一。

“引出物”是在婚宴上送给客人的礼物，它和礼金数额没有关系，所有客人收到的礼物都是一样的。最受欢迎的“引出物”是目录礼物，这是因为受赠者可以选择自己喜欢的礼物，而且也没有携带的负担。在“引出物”上要附一张印有礼签和礼绳的白纸，礼绳上方书写“寿”，礼绳下方写上新郎新娘的名字。如果是会费制的婚礼也可以不用送“引出物”。

“内祝い”是送给没有出席婚礼的人的回礼，正式的做法是亲自将回礼送给对方，但现在很多人都是通过百货商店代为寄送，这时必须附上一封表示感谢的书信。和“引出物”一样，最受欢迎的“内祝い”也是目录礼物。在“内祝い”上同样要附一张印有礼签和礼绳的白纸，礼绳上方书写“寿”或“内祝”，礼绳下方写上新郎新娘的名字。

2. 葬礼

(1) 赠礼

日本葬礼以佛式为主，在守灵或葬礼的当天需送上“香典”(奠仪)。奠仪原本是指祭祀用的香火和鲜花之类，现在一般都是把现金装在礼金袋里来代替香火和鲜花。奠仪的礼金和婚礼一样，也是根据双方关系的深浅程度来决定，通常在 5000 日元至 10 万日元之间。一般的同事朋友送 5000 日元，普通的亲戚送 1 万日元至 3 万日元，重要的亲戚则送 3 万日元至 10 万日元。吊唁用的

① “お車代”指的是婚礼时新郎新娘送给客人的车费，一般送给受邀的主宾和远道而来的客人。

礼金袋上没有礼签，礼绳一般用黑白色的断结。在礼绳的上方用黑色墨水书写“ご霊前”，礼绳的下方用更小字体写上自己的名字。

(2)回礼

奠仪的意义本在于帮助不幸遭遇丧事的人家，以前是不用回礼的，后来也开始赠送“奠仪回礼”，礼品的金额是奠仪的一半或三分之一。有时出于对遗属生活的考虑可以谢绝回礼，遇到以下这些情况还可以不用回礼：(1)通过电报或书信表示哀悼；(2)根据逝者的遗愿将奠仪进行捐赠；(3)家中顶梁柱去世后遗属面临经济困境。奠仪的回礼一般在死者忌日的49天以后送出，但现在也可以当天就把回礼送给亲友，因为这样可以节省日后回赠礼品所要花费的精力和财力。以前回赠的礼品通常以会被消耗掉的食品和日用品为宜，但现在比较受欢迎的礼物是目录礼物和商品券。奠仪的回礼上要附一张印有礼绳的包装纸，礼绳一般用黑白色的断结，礼绳上方用黑色墨水书写“志”(こころざし)，下方写上丧主的名字。书写的字迹要比其他场合偏淡一些，这样才能体现出丧主悲痛的心情。

第三节　随意的礼物

随意的礼物主要包括两大类，一类是在生日、圣诞节、情人节、母亲节、父亲节等来自西方的节日活动中送出的礼物，另一类是在日常生活中(包括社交网站)个人间相互赠送的礼物。以下将分别通过这两类中的典型实例来分析随意的礼物在赠礼和答礼方面的特征。

一、来自西方的节日活动

1. 生日的赠礼与回礼

在日本，1岁生日作为人生仪式属于比较正式的一件事情，这里所说的生日不包括1岁生日的情况。以前的日本人用“虚岁”来计算年龄，每年正月的时候所有人都增长一岁，因此没有过生日的习惯。对当时的人来说，过新年也就等于过生日。生日作为个人纪念日是在明治时代的文明开化政策①下从西方

① 1868年明治政权确立后，为把日本改造成为独立的资本主义近代化强国，明治政府实行了全面的资本主义改革，并制定了“富国强兵”“殖产兴业”和“文明开化”三大改革政策。“文明开化”这个词在1875年福泽谕吉所写《文明论概略》中作为“civilization”的译词开始被使用，其主要内容是学习西方资本主义国家的科学技术、文化教育、思想观念和生活方式。

引进的庆祝活动，体现了一种强调个体意识的文化，多送给恋人、配偶、父母和孩子等比较重要的人。1950 年 1 月 1 日，日本政府颁布“关于年龄计算方法的法律”后，“周岁”的概念得到普及，于是开始形成在周岁时为每个人过生日的习惯。

通常根据性别、年龄和个人喜好来决定生日礼物的类型，尤其是个性化的礼物更受欢迎，比如刻有个人名字的杯子之类。生日礼物的价值一般由双方的关系决定，恋人或配偶之间也会赠送较为贵重的礼物，比如男士用的皮带、钱包，女士用的首饰、香水等。生日礼物一般采用西式的包装方法，即用包装纸包装后绑上丝带。日本的百货商店都有代为包装的服务，大型的百货商店还有自己统一的包装纸、丝带和手提袋，这样一方面可以彰显出礼物的品质，另一方面对商家来说也具有广告宣传的效应。

对于收到的生日礼物不用立即回礼，只需要表达感谢即可，可以等别人过生日的时候再送上一份礼物作为回礼。对生日的回礼并没有统一的标准，有些人认为生日礼物不同于冠婚葬祭，是自愿送出的，可以不用回礼；也有人考虑到对方会期待回礼，所以会回赠相当价值的礼物。比如女孩收到男友的生日礼物，等男友过生日时大部分女孩会选择回赠同等金额的礼物，但也有一部分女孩考虑到男友的自尊，回赠的礼物价值会略低于收到的礼物。

2. 圣诞节的赠礼与回礼

和生日一样，日本人过圣诞节的习俗也是始于明治时代，明治维新不仅带来了西方的先进技术，而且也带来了西方的节日文化。1904 年，日本人开始在圣诞节时互相赠送礼物，以此作为家人之间的一种交流方式。“二战”以后，日本经济复苏，每到圣诞节，商业街就被装饰着浓厚的节日气氛，日本圣诞味最浓的一天是 12 月 24 日，到了 12 月 25 日一般就和平日相差无几了。与西方圣诞晚餐要吃火鸡的习惯不同，日本人的习惯是与家人分享圣诞蛋糕(用奶油和草莓做出圣诞老人装饰的可爱蛋糕)。此外，日本人还有在圣诞节吃肯德基的习惯，据说是因为肯德基爷爷长得像圣诞老人的缘故。

笔者的一个学生 L 在日本留学期间提起对日本人过圣诞节的感受时说道：

> 前段时间不是圣诞节嘛。逛街的时候(我)发现不仅是年轻人，更多的是中年人甚至是老年人喜欢赠送圣诞贺卡。在中国的话以我自己的经历应该是小学、初中同学之间互赠(贺卡)的比较多，所以我很吃惊日本的一些老年人也过圣诞节。(2016 年 8 月 13 日访谈资料)

由此，笔者联想到我们系的日本外教T老师(男，约70岁)在合约期满回国后，于2017年12月24日以电子邮件的方式给我们系的所有老师发过一张圣诞贺卡，他首先问候了大家，然后告知自己的近况，并说明由于自己的哥哥辞世，今年就不发贺年卡了，请大家谅解，最后祈愿大家健康、幸福！我们的学生都尊称这个外教为"爷爷"，每次收到他发来的贺年卡或圣诞卡，总让人感觉十分亲切。

虽然圣诞节的时间和岁暮很相近，但岁暮的送礼对象包括所有对自己有过关照的人，而圣诞节的送礼对象则是孩子、恋人、配偶等身边亲近的人。给孩子的圣诞礼物随着年龄的增加，价格也随之递增(大约3000日元至1万日元)，给恋人或配偶的礼物一般根据年龄、身份(学生或上班族)及收入情况选择适合的礼物，多数人赠礼的价格在1万日元至2万日元左右。送给孩子的圣诞礼物是父母对孩子表达爱的方式，当然是不需要回礼的。恋人或配偶之间的回礼一般等额或略低于收到的礼物皆可。

3. 情人节的赠礼与回礼

情人节在每年的2月14日，1936年神户的巧克力制造商"摩洛索夫(MOROZOFF)"以当地的外国人为对象开始销售巧克力，20世纪70年代西点行业和百货商店掀起了巧克力销售的热潮。日本情人节与西方情人节最大的区别在于日本是女性送给男性巧克力，也就是说情人节是女性向男性告白的节日。

女性送给喜欢的男性的巧克力叫作"本命チョコ"(本命巧克力)，后来赠礼对象逐渐扩大，使情人节巧克力的意义变得更加丰富。比如送给父亲或男性同事的巧克力叫作"義理チョコ"(义理巧克力)，送给女性朋友的巧克力叫作"友チョコ"(友情巧克力)，送给自己的巧克力叫做"自己チョコ"或"マイチョコ"。倘若送给喜欢的男性，自己亲手制作的巧克力也是不错的选择，但如果送给同事则以市场上购买的巧克力为宜。情人节的巧克力一般采用简单的西式包装，而且最好附上手写的书信或者卡片亲手送给想送的人。

对于情人节的回礼，日本的西点界在3月14日专门设立了一天的回礼日，这一天又被称为"白色情人节"。根据Research Bank(株式会社Life Media的问卷调查网站)在2014年针对情人节和白色情人节所做的社会调查显示，对本命巧克力的预算，占比最高的是1000日元至2000日元(37%)；对义理巧克力的预算，占比最高的是500日元至1000日元(46%)，而且在义理巧克力的赠送对象中，父亲所占的比重最高(46%)。关于是否期待回礼，59%的女性表示不期待收到本命巧克力的回礼，72%的女性表示不期待收到义理巧克力的回礼。男性无论是对本命巧克力的回礼，还是对义理巧克力的回礼，基本上都是以等额回礼为主。

记得2017年的白色情人节，我们系的日本男外教A老师专门给每位女老师准备了一份精美的巧克力礼物，并且亲自送到每个人的手上。尽管我们并没有在情人节的时候送礼物给A老师，他还是送给我们"义理巧克力"，带给大家一份意外的惊喜。这份礼物不是严格意义上的情人节礼物，因为它不是在情人节时送出的，也不是严格意义上的白色情人节礼物，因为它并不是对情人节礼物的回礼，但以此为契机送出的巧克力既表达了外教的心意，又拉近了同事之间的距离。

4. 母亲节、父亲节的赠礼和回礼

日本最早有庆祝母亲节的习惯是1913年在青山学院举行"母亲节"的礼拜活动，1949年时模仿美国将母亲节定在每年5月份的第二个星期日。母亲节是对辛苦操劳的母亲表达感谢的日子。在节日的当天，不仅子女会对母亲表达感谢，父亲也会对母亲表示祝贺。在母亲节的时候，和母亲住在一起的子女可以帮忙做些家务，和母亲分开住的子女可以送给母亲康乃馨、披肩等礼物。当父母为自己的母亲表示祝贺时，一般是丈夫给妻子的母亲、妻子给丈夫的母亲送上礼物。

父亲节是受母亲节的影响而产生的节日，日本大约从1950年开始过父亲节，直到20世纪80年代才成为普及的庆祝活动。和美国一样，日本的父亲节也定在每年6月份的第三个星期日，子女在这一天为父亲这个家庭的支柱送上感谢和问候，一般送给父亲领带、钱包之类的礼物。母亲节和父亲节赠送的礼物价值一般在3000日元至5000日元左右，除了送礼物，在家做顿饭给父母吃也是表达心意的一种方式。送给父母的礼物没有必要回礼，住得远的情况下通过电话或书信表达一下谢意就可以了。

笔者在日本认识的朋友D讲述了日本年轻人对母亲节和父亲节的态度，并介绍了她送给父母礼物的经历，表达出女儿对父母的问候和关爱。

> 相比较而言，认为"母亲节比父亲节"重要的人可能更多一些，这些人经常和母亲近距离接触，更容易表达自己的感谢之情。而且，很多媒体和商家会在母亲节这天宣传炒作，因此大家很容易顺势买一点礼物。母亲节通常都会送康乃馨，但父亲节就不知道该买什么礼物才好。上个月母亲

节的时候，我给妈妈订了一束鲜花送过去；今天是父亲节，我给爸爸买了一套高级内衣。因为爸爸平日对自己总是舍不得，只有收到的礼物他才不会觉得可惜。(2016 年 5 月 13 日访谈资料)

二、日常生活中的个人馈赠

生日、圣诞节、情人节、母亲节和父亲节一般是较为亲密的个人间的赠礼，既不是非送不可的礼物，礼物的包装也比较简单随意。除了这些特定时间的随意礼物，还有一些日常生活中不定期的随意礼物，比如“お土産”“日常的なプチギフト”(日常的小礼物)“ソーシャルギフト”(社交礼物)和“自分へのギフト”(自我礼物)等。

1. “お土産”的赠礼与回礼

日本的“お土産”主要包括两种，一种是“旅行のお土産”(旅游特产)，另一种是“手土産”(拜访他人时随手携带的简单礼物)。日语中的“土産”一词在平安时代的史料中读作“とさん”或者“どさん”，指的是各地向国衙缴纳的特产。该词现在常读作“みやげ”，源于室町时代从神社参拜归来的贵族们献给贞成亲王的神符——“宫笥”(みやげ)。在室町时代，上至将军下至庶民都十分流行参拜神社和寺院，由于路途遥远、旅费昂贵，村落共同体中的庶民只能选派代表前去参拜，然后带回神社的神符送给没去的人。

“宫笥”原指商人向参拜者出售的神符，后来也渐渐售卖当地的特色物品。赠送旅行地的特产本来含有“汇报旅行”的意思，属于义务性、礼节性的礼物，但现在正逐渐成为一种轻松随意的交流手段，甚至变成了旅行者自己的一种乐趣。在中国，人们也有旅行归来赠送礼物的习惯，但一般仅限于家人和好朋友之间，而日本人却连邻居和同事也会送上当地的特产。根据对方与自己关系的不同，赠礼的价值也有所不同。一般给家人的礼物在 1000 日元至 3000 日元，而给其他朋友的礼物在 500 日元至 1000 日元。“お土産”通常不需要回礼，可以在自己旅行的时候再带礼物送给别人。

2. “日常的小礼物”的赠礼与回礼

近年来，价值数百日元的“日常的小礼物”越来越受到人们的欢迎。“プチギフト”(petit gift)的“プチ”在法语中是“小”的意思，直译的话就是“小礼物”。这种礼物原本起源于西方的赠礼习惯，即在结婚仪式上送给宾客糖果点心之类的小礼物，在日本得到普及却是最近十年至二十年的事。日语的“プチギフト”又被称作“スモールギフト”(small gift)，和其他礼物相比较，这种类型的礼物在价格上比较低廉，可以选购一些希望表现自己特色和感受的礼物。在适当的时机送出这类小礼物，能够充分发挥礼物的沟通交流作用。

根据 DNP2014 年 11 月和 2015 年 3 月《关于日常生活和礼物的调查》结果显示(如图 1 所示)，认为“日常的小礼物”是一种良好交流机会的人数比例最高，占到 31.6%，其次分别是“万圣节礼物”占 26.5%，“拜访他人时随手携带的简单礼物”占 25.5%，“旅游特产”占 22.8%。该调查还显示，有 23.1% 的人认为在赠送日常的小礼物时需要附上卡片或者书信来传达自己的心意。日常的小礼物多用于表达赠礼人的一点心意或者作为一种回礼的礼品，所以一般不用特意回礼。

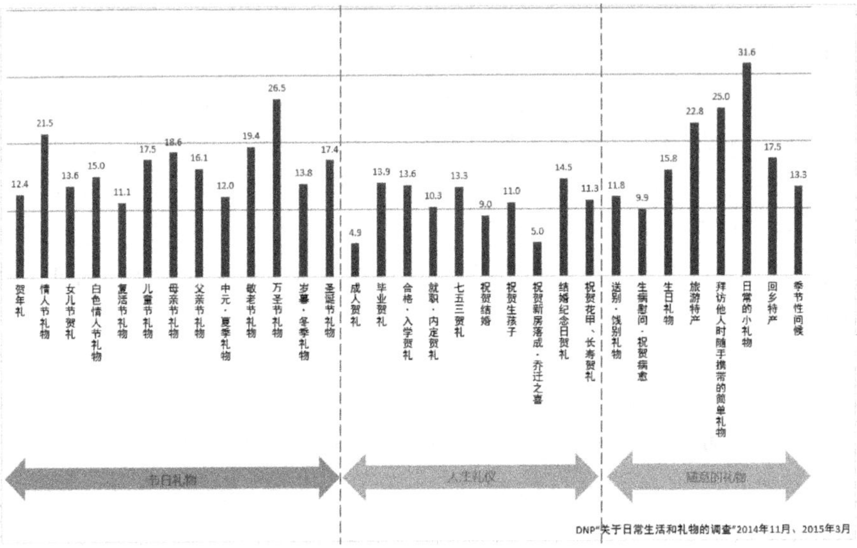

图 1① 对不同礼物作为良好交流手段的意识

3. “社交礼物”的赠礼与回礼

随着社交网站的快速发展，人们通过网络进行交流的机会越来越多，“社交礼物”已经成为日常性赠礼的突出代表，这是一种利用电子邮件或 Line，

① 资料来源：DNP《日常生活とギフトに関する調査》(2014 年 11 月、2015 年 3 月)。

Twitter，Facebook 等社交网站向别人赠送小礼物的方式。在日常生活中，如果需要向别人表达一些诸如“ありがとう”(谢谢)“ごめんね”(对不起)“お疲れ様”(辛苦了)的心情时，随时可以通过邮件或社交平台的账号轻松地送出一份电子化的小礼物，然后由受礼人根据接收到的礼物信息到实体店消费或者委托商家送货上门。

2015 年矢野经济研究所针对社交礼物市场所做的调查显示(如图 2 所示)，2014 年社交礼物的市场份额是 82 亿日元，2015 年增加到 156 亿日元，预计到 2020 年时将会增长到 1110 亿日元。目前日本经营社交礼物的运营商主要有“giftee”“LINEギフト”“GiftPad”“cotoco”等。其中，最大的运营商“giftee”株式会社于 2011 年 3 月正式开业，从 2012 年开始会员数不断上升，到 2016 年 6 月底突破了 50 万人(如图 3 所示)，目前合作的店铺已经超过 33000 家。“giftee”的经营理念是“小さな感謝の気持ちと一緒に、オンラインから気軽にギフトを贈れるサービス”(连同一份小小的感谢，通过网络轻松地送出礼物)，礼物的价格可以从 100 日元(大约相当于 6 元)起步，平均售卖价格在 600 日元左右。

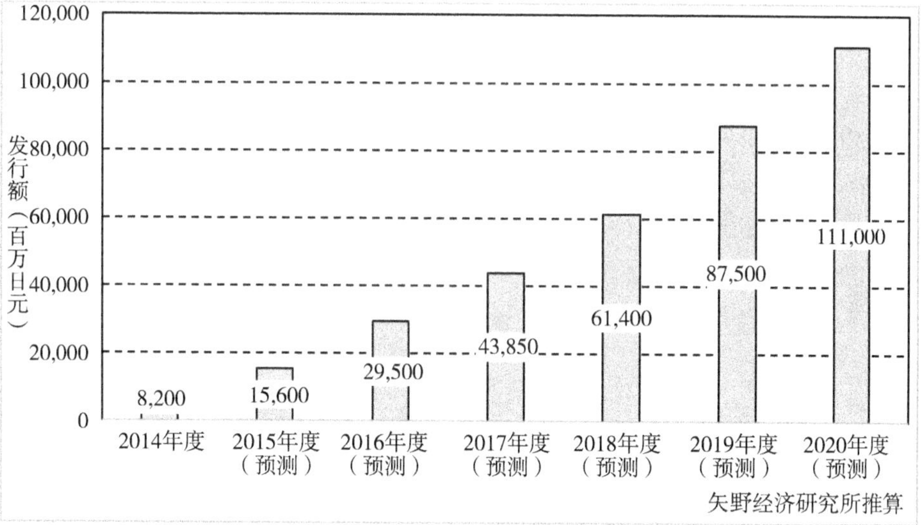

图 2① 社交礼物的市场预测

① 资料来源：矢野経済研究所“ソーシャルギフト市場に関する調査結果”(2015 年)。

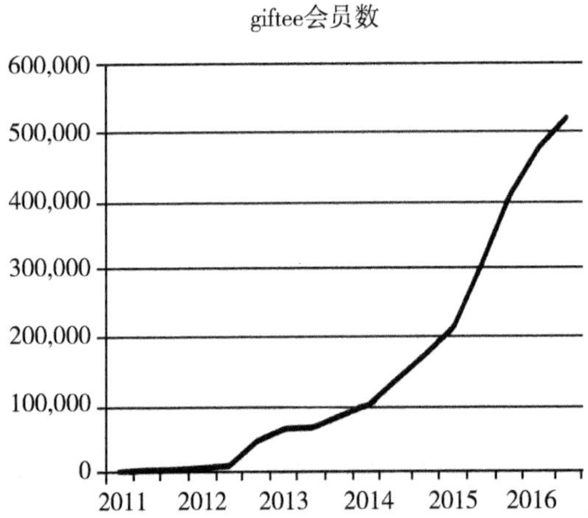

会员数	520489人
会员男女比	女性：65.6% 男性：34.4%
可兑换的店铺数	33024家
手机APP下载量	116399次

2016年6月底

图 3①　giftee 的会员人数

根据笔者的访谈调查，26 岁的日本女孩 I 在谈到社交礼物时，讲述了她自己的经历和感受。

> 前天是我 26 岁的生日，不仅收到了朋友当面赠送的礼物，也在网上收到了很多礼物，正是所谓的“社交礼物”。通过 Facebook、Twitter 等社交媒体，既可以多人一起赠送礼物，也可以在不知道对方地址和电话的情况下赠送礼物，收到这种新颖的社交礼物，我感到非常高兴。由于社交礼物可以在自己的行动范围内就近选择店铺消费，所以很受欢迎，但要注意使用期限。社交礼物最大的优势在于轻松传递日常的谢意，即使不是过生日，也能悄然传递一份感激之情。(2015 年 5 月 2 日访谈资料)

社交礼物的出现说明随意的礼物不仅发生在实际生活中比较亲密的个人关系中，在社交网站上也能通过赠送小礼物来促进与朋友(甚至是陌生朋友)之间的交流。根据 JUSTSYSTEMS(日本某软件开发公司)于 2015 年发布的《关于社交礼物的问卷调查》结果显示②，每七个人中就有一个人曾赠送或接受过社交礼物，每四个人中就有一个人希望今后使用社交礼物。在赠送的对象中，排

① 资料来源：https://giftee.co.jp/news/half_a_million_users_20160630/。
② 资料来源：https://marketing-rc.com/report/report-socialgift-20150121.html。

在前四位的分别是一年以上没见过的朋友(50.8%)，一年见一次以上的朋友(43.1%)，家人、兄弟姐妹和亲戚(27.7%)，通过社交网站认识但没见过面的朋友(27.7%)。可见，超过四分之一的人会通过互联网将礼物送给素未谋面的朋友。由于社交礼物价格低廉，不会给人造成心理负担，再加上其主要目的是表达一份感谢，所以一般来说没有必要特意回礼。

4. "自我礼物"的赠礼与回礼

日常生活中的随意礼物还有一种比较特殊的形式，那就是"自我礼物"，即自己送给自己的礼物。日本的"自我赠与"现象始于21世纪初为自家购买中元、岁暮的礼物，在中元、岁暮的商战中，百货商店也会积极诱导顾客购买商品作为礼物送给自己。日本《经济新闻》于2016年5月13日刊登了一则题为《百货商店的中元商战也要瞄准自用礼物的市场》的报道。该报道称，越来越多的消费者不仅送礼给别人，也为自己购买礼物，因此，百货商店积极鼓动消费者购买平时舍不得买的、品质较好的物品送给自己①。

笔者在日本北九州市小仓北区做田野调查期间，发现在各大商场、专卖店里，经常可以看到诸如"ときどき自分にごほうびあげましょう"(时常犒劳下自己吧)，"365日頑張った自分へご褒美ジュエリー"(送上珠宝犒劳每天努力的自己)，"ちょっと疲れたかな？ って思ったらちょっぴり自分にごほうび"(当你感觉疲倦的时候买点礼物犒劳自己)，"自分へのご褒美におすすめのアクセサリー"(用于犒劳自己的推荐款首饰)之类的广告宣传语，刺激消费者(尤其是女性)通过购物的方式来犒劳和安慰自己。

送给自己的礼物不用太讲究形式，因此也属于一种随意性的礼物。除了中元、岁暮，日本人在情人节、生日等特殊的日子也会购买巧克力、生日礼物之类送给自己作为一种犒赏。根据DNP 2015年《第五次关于日常生活和赠礼情况的调查》结果显示(如图4所示)，在十几岁(10代)、二十几岁(20代)和三十几岁(30代)这三个年龄段的女性中，均有超过五分之一的人有过给自己送礼物的经历，有些年轻女性把送给自己礼物作为一种生活的娱乐方式或者作为一种为了自己而消费的良好契机。这种"自我礼物"的回馈方式与传统的礼物

① 日语原文是："贈答用だけではなく、自分用に購入する消費者が増えており、昨年比2%増の売り上げを目指す。夏に需要が伸びるアイス類とともに、いつもは買わない「ちょっといい」自分用のギフトとしての購入も誘う。"

有所不同，它是通过自我激励的过程来达到交换的平衡，即为了对得起给自己买的礼物，减少高消费带来的罪恶感，所以今后要更加努力地学习、工作和生活。

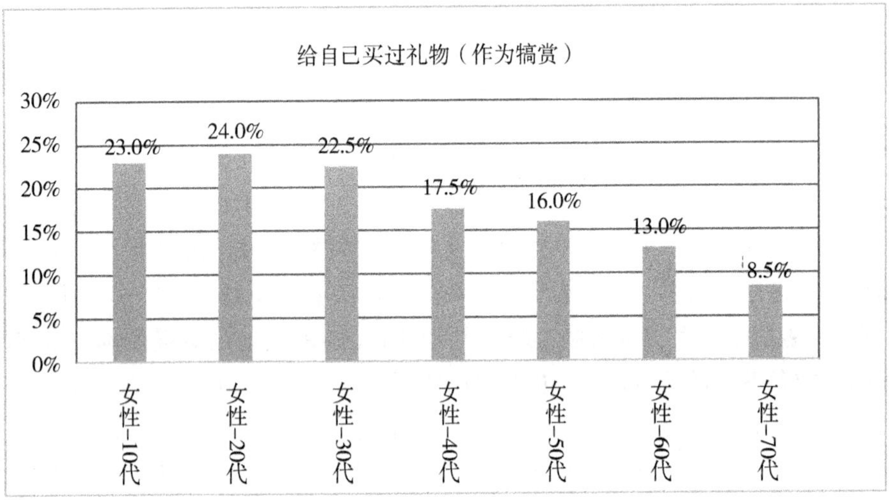

图 4①　女性购买“自我礼物”的经验

① 资料来源：DNP《第 5 回日常生活とギフトの実施状況に関する調査》(2015 年)。

第四章　网络时代礼物赠答的特征

在第三章中笔者将网络时代的礼物类型分为两大类，“正式的礼物”代表着注重形式的传统赠答习俗，而“随意的礼物”则代表着不拘泥于形式的现代馈赠习惯。进入网络时代的日本社会，既保留了过去已有的一些文化传统，也衍生出许多新的风俗习惯。礼物赠答看似自发的行为，但也隐藏着一定的规则和习惯，比如在什么时候，送什么礼物，给什么人，送多少合适以及是否需要回礼，应该回多少礼等都是赠答活动中必须要考虑的问题。为了系统研究网络时代日本礼物赠答的特点，笔者将从赠答的契机、赠答的方式、礼物的内容、赠答的主体、赠答的动机等五个具体的方面来展开深入分析。

第一节　赠答契机的日常化

在日本文化中，“非日常”和“日常”是祭祀礼仪中区分神圣与世俗的重要概念。在非日常性的祭祀活动中，俗人与神灵同欢、融合，而在普通的日常生活中，圣与俗则是处于分离的状态①。别府春海用“非日常”和“日常”来区分“赠答”和“物品交换”，并强调了非日常的赠答活动的重要性。然而，随着时代的发展变迁，日常与非日常的界限逐渐变得模糊，礼物馈赠活动不再局限在固定的时间，赠送礼物成为促进日常交流的重要手段。

一、“非日常”的礼物赠答

江户时代以前，人们的日常生活很单调，每天都在重复同样的工作。特别是在农村既没有娱乐，吃的东西也很少，连大米和酒都是奢侈品。只有在“お正月”（新年）“お祭り”（节日）和“結婚式”（婚礼）这样特别的日子才能尽情享受吃喝，穿上漂亮的和服唱歌跳舞。正是通过这种“非日常”的享乐，人们才

---

① 参考［日］宫家准．日本的民俗宗教［M］．赵仲明，译．南开大学出版社，2008：63.

能忘记“日常”的艰辛。柳田国男将新年、节日和婚礼等特别的日子称作“ハレ”，将日常的生活称作“ケ”，非日常生活和日常生活的相互交替为人们的生活增添了节奏感。在传统村落社会，赠答活动总是发生在年中行事（即每年的惯例活动）和人生仪式这样特殊的时期。到了江户时代，由于商人将中元、岁暮作为一年两度的结账时间并赠送礼物给客户，于是中元和岁暮从祭祀祖先的节日逐渐变成了向关照自己的人赠送礼物的节日。

近代工业生产推动了城市的发展，日本不仅继承了传统的赠答活动，还从西方引进了生日、圣诞节、情人节、母亲节等新的节日。特别是在日本战后经济高度发展时期，这些新的节日在企业的推动下快速发展起来，并逐渐形成日本自己的特色。山口睦把在生日、圣诞节、情人节等节日进行的礼物馈赠列入个人的赠与领域，将它们与传统的节日馈赠（中元、岁暮等）相区别，并指出馈赠行为的动机是为了表达爱和情绪①。可以说来自西方的这些节日为日本人的礼物赠答创造了更多的机会。

别府春海在《考察作为文化概念的“赠答”》一文中，用一组对立的概念群（如表1所示）来区分了非日常②的“赠答”和日常的“物品交换”，赠答对应的概念分别是：“ハレ”（非日常）、“オーヤケ”（公）、“義理”（义理）、“建前”（客套话）；日常的物品交换对应的概念分别是：“ケ”（日常）、“ワタクシ”（私）、“人情”（人情）、“本音”（真心话）。前者的具体象征是“水引”（礼绳）

表1③　物质性赠与的分类

赠答	（狭）物品交换
非日常	日常
公	私
义理	人情
客套话	真心话
具体的象征：水引、熨斗紙	具体的象征：无

① 参见［日］山口睦：《贈答の近代——人類学からみた贈与交換と日本社会》，東北大学出版会，2012年版，第226页。

② “非日常”和“日常”的概念是日本文化的中心问题，伊藤干治曾指出：“非日常和日常是一对与日本人的衣食住行紧密相关的民俗概念”。

③ 该表引自山口睦：《贈答の近代》，東北大学出版会，2012年版，第4页。

和“熨斗紙”（印有礼签和礼绳的白纸），而后者没有具体的象征。这一组概念群的确立表明别府春海并未把日常的物品交换看作礼物赠答，可见当时的礼物赠答研究并不重视日常的物品交换。

日本的传统赠答活动也好，来自西方的节日活动也好，都是在固定的时间进行礼物的馈赠。社会经济水平的提高不仅改善了人们的生活条件，而且还增加了各种娱乐活动，以前只有在过年过节的时候才能享受的快乐，现在已经变得很平常了。伴随着社会的变化，赠答向着世俗化的方向发展，以往“非日常”和“日常”之间的差别正在逐渐消失。特别是战后经济高速发展以来，日本社会可谓“每天都是非日常”，因此，在平时的日常生活中，根据交往对象的实际需求而进行的不定期赠礼活动日益增多。

日本电通市场战略研究会对赠礼的契机做过如下分类：(1)季节的传统惯例和年历上的定期节日（前者如中元、岁暮；后者如情人节、圣诞节、儿童节、敬老节等）。(2)不定期的社会性赠礼（如生病慰问、受灾慰问、调动工作、升职、退休等）。(3)与人生仪式相关的赠礼（如生日、七五三、入学、毕业、结婚、祝寿等）。(4)非正式的谢礼和问候礼物（旅行礼物、拜访礼物、谢礼、分赠给邻居的礼物）①。虽然这一分类比井下理的分类更为具体，但他们都把传统节日和现代节日归为一类，没有注意区分两者的差异；而且不定期的赠礼和非正式的赠礼在概念上比较模糊不清，有相互交叉的部分。

二、“日常”化的礼物馈赠

笔者在电通市场战略研究会的分类基础上，结合上一章的分类标准，试图对现代日本社会的赠答契机作出如下划分（如表2所示）。其中，传统的季节馈赠、国家法定节日和人生仪式属于定期的正式礼物；来自西方的节日活动属于定期的随意礼物，而日常性的馈赠活动属于不定期的随意礼物。赠答契机的日常化主要体现在来自西方的节日活动的普及和日常生活中不定期赠礼活动的增加。

表2②　赠答契机的分类

赠答契机	代表	时间	礼物的类型
传统的季节馈赠	中元、岁暮、新年	定期	正式的礼物

① 转引自市川孝一：《贈答の生活学》，载于《文教大学生活科学研究》1989年，第24页。

② 该表为笔者自己制作。

续表

赠答契机	代表	时间	礼物的类型
国家法定节日	成人节、儿童节，敬老节	定期	正式的礼物
人生仪式	生孩子、七五三、入学、毕业、婚礼、葬礼	定期	正式的礼物
来自西方的节日活动	生日、纪念日、圣诞节、情人节、母亲节	定期	随意的礼物
日常生活中的馈赠	旅行、拜访、问候、谢礼、探病、送别、日常的小礼物、社交礼物、自我礼物	不定期	随意的礼物

现在的日本人(尤其是年轻人)在赠礼习惯上越来越不具有固定性，而是具有较大的随意性，随意的礼物在人们的生活中发挥着越来越重要的作用。根据 DNP 2013 年《关于礼物的调查》结果显示(如图 1 所示)，在送礼实施率最高的前五位中，由高到低依次是“岁暮送礼”占 69.4%、“生日礼物”占 68.7%、“旅游特产”占 63%、“中元送礼”占 57.5%、“圣诞礼物”占 56.4%。其中，“随意的礼物”便占据了三项，这三项分别是生日礼物、旅游特产和圣诞礼物。该调查还显示，女性经常赠送“访问时的简单礼物”和“在外会面时的简单礼物”，表明随意的礼物逐渐成为她们日常生活中的交流工具。

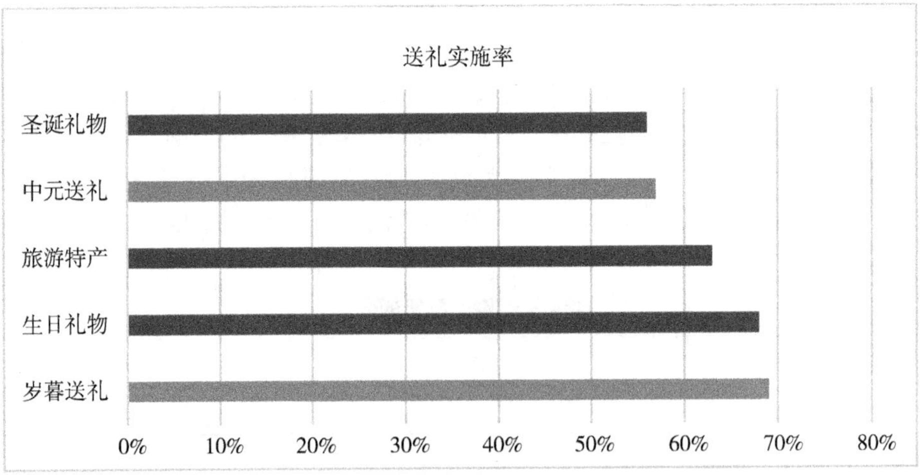

图 1① 送礼实施率

---

① 资料来源：DNP《ギフトに関する調査》(2013 年)。

近年来，日本十分流行不受时间限制的“小礼物”，即在需要表达心意的时候对自己想送的人送出一份轻松的礼物。根据 MARUHA NICHIRO 株式会社于 2014 年发布的《关于岁暮和小礼物的调查》结果显示，赠送过小礼物的人数比例占 46.2%，其中，赠送过小礼物的女性占 60.2%，男性占 32.2%，可见女性在日常生活中更容易赠送小礼物。关于小礼物的赠送方式，有 14.7%的人以社交礼物的方式送出，而 66.2%的人则会附上手写的留言一并交给对方，从性别看来，男性选择前一种方式的比例较高(男性 23%，女性 10.3%)，女性选择后一种方式的比例较高(男性 52.8%，女性 73.4%)。

此外，网络的便捷性使得礼物的传递不再受到时空的限制，“社交礼物”的出现使得任何人都能随时随地通过邮件或者社交网站向别人送出一份电子礼物，可以说网络时代的到来从根本上加速了赠答契机的日常化。在日常生活中，每个人在自己想送礼物的时候都能轻松地送出一份心意(感谢、祝贺、道歉、慰问等)，从某种意义来说，网络时代的赠答契机可以由每个人自己决定和创造。根据矢野经济研究所的市场调查①，社交礼物的市场正在快速增长，反映出消费者的心理发生了如下变化：(1)比起“もの”(物品)，更感激对方用心准备的“こと”(体验型礼物)。(2)自己寻找一份能轻松送出的礼物实在太难。(3)亲手送上礼物感觉太正式有些不好意思。(4)比起形式上、礼节上的赠礼，更倾向选择符合对方兴趣和近况的礼物。(5)希望在适合对方的时机送上对方喜欢的礼物。

第二节　赠答方式的间接化

本节所说的赠答方式指的是通过何种方式将礼物送给对方。大体来说，赠礼方式主要有两种，第一种是直接的方式，即自己亲自送给对方；第二种是间接的方式，即委托第三方(商家、邮局、宅急送等)送给对方。尽管自己亲自送给对方是最为礼貌周到的做法，但是随着交往方式的改变和商业服务的专业化，委托第三方配送具有方便快捷的优势。

一、传统的赠礼方式

传统社会的礼物馈赠都是由赠礼人亲自登门拜访将礼物送给受礼人，也就是说赠礼人和受礼人必须在同一时间同一地点才能完成礼物的授受关系。日本

① 资料来源：https://netotas.net/social-gift。

人在赠送礼物时很讲究礼节，一般都会提前确认拜访的时间，尽量避免在午休或者晚上的时候去打扰别人，实在需要晚上拜访别人时，进门前首先要表达歉意。以前常用包袱皮把礼物包起来送给别人，礼貌的做法是跪坐在地板上先把包袱皮解开放在一边，然后将礼物转向受礼人，一边说着客套话一边用双手呈上礼物。现在也可以把礼物放入纸袋送人，如果是日式房间的话，还是和包袱皮一样，需要跪坐着将礼物从纸袋中取出来后交给对方；而洋式房间则可以站着用双手呈上礼物。需要特别注意的是包袱皮具有防尘的作用，不能将它放在桌上，还要注意不宜连同纸袋一起送出礼物。受礼人双手接过礼物时要说些感谢的话，再将礼物移至其他的房间。

一般来说，如果送礼的对象(如家人或朋友)在自己身边，最好能够亲自送礼为好。这是因为亲手将礼物送出的一瞬间，会让对方充满喜悦之情。从某种意义来说，亲手送出礼物具有一种独特的仪式感。赠礼双方都很期待送出(收到)礼物的那一刻，送礼的目的在于让对方感到高兴。笔者在日本做实地调查时，曾经碰到一个日本朋友S讲述了她收到礼物的经历和感受，恰好印证了能够让对方感动，才是成功的送礼。

> S说她在22岁时曾经收到一份别人亲手送给她的礼物，尽管现在已经忘了对方送的是什么礼物，但却清楚地记得别人亲手送给她礼物这个事实。甚至连当时的场景和对方的笑容，都记得清清楚楚。亲手送礼物的事实带给她深深的感动，也留下了难忘的印象。送出礼物的喜悦之情只在一瞬间，而亲手送出礼物的记忆却不会遗忘，喜悦之情常在心间。正是这种喜悦之情才是永远留存的礼物。(2015年3月19日访谈记录)

二、网络时代的赠礼方式

本来赠送礼物时应该登门拜访亲手送给对方，但是因为登门拜访难免给别人增添麻烦，所以现在的日本人经常会选择请商家配送或者自己用快递寄送礼物。对于忙碌的城市人来说，请商家配送或快递寄送，不仅省时省事，而且还能够免除你推我让的麻烦。特别是对住处相隔很远的人来说，互赠礼物成了一件简单轻松的事情。

每到中元和岁暮时节，日本各大百货商店都会被前来购买礼物的人挤得爆满，百货商店的服务也十分周到，一般都能免费为顾客包装并配送礼物。顾客只需要告知赠送对象地址、姓名和电话等信息，并选定合适的“熨斗紙”(印有礼签和礼绳的白纸)和“表書き”(封面文字)。委托商店配送后要写信告知赠礼的对象，也可以在寄送礼物的同时附上一封书信。如果从商店方面能够知晓礼物抵达的日期时最好也能提前告知对方。现在还能直接从产地将新鲜的食材寄给想送的人，特别是在中元和岁暮的时候，百货商店会设立专门的柜台进行“産地直送”的展销活动。收到礼物的一方要尽快写封感谢信告知对方礼物已经安全送到，若是需要回礼的话，那么感谢信也可以和寄送回礼的附信合二为一。

需要赠送礼物的人除了直接到百货商店选购，也可以通过电话购买或是在网上购物。根据 2006 年 5 月花王株式会社生活者研究中心发布的《礼物实态和意识的研究》数据显示(如图 2 所示)，在 2005 年的岁暮送礼活动中，到百货商店购买礼物的人数占 80%，通过电话购买礼物的人数约占 26%，通过网络购买礼物的人数占 30%。之所以选择在百货商店购物主要是因为习惯，选择电话和网络购物则主要是因为方便。根据日本通信贩卖协会在 2013 年公布的《关于礼物和邮购的消费者实态调查》，全国每两个人中就有一个人具备邮购礼物的经验。从不同的性别和年龄层来看(如图 3 所示)，三十几岁(30 代)女性的邮购比例最高(75.9%)，三十几岁到五十几岁(50 代)女性邮购比例整体居于较高水平。虽然十几岁(10 代)的男性和女性以及六十几岁(60 代)男性的邮购率最低，但也分别达到了 32.5%和 33.7%，说明邮购礼物的习惯在不同性别、不同年龄层的人群中逐步稳定下来。另一方面，从不同的赠答契机来看(如图 4 所示)，排在前四位的赠礼活动分别是“岁暮”占 33.5%、“生日”占 33.4%、“中元”占 33.1%和“母亲节”占 32.5%。

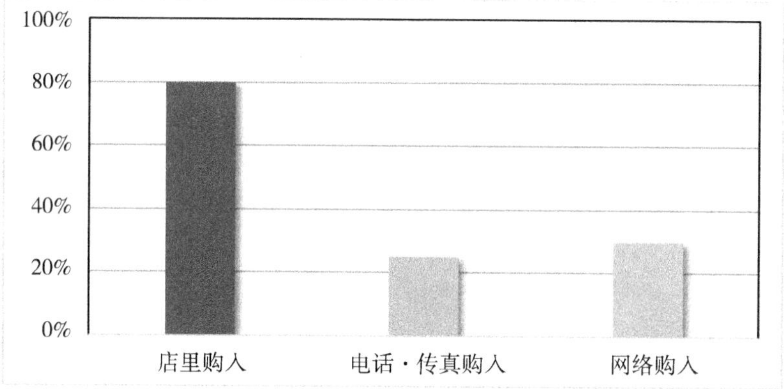

图 2①　购买礼物的途径

① 资料来源：花王株式会社生活者研究センター《贈り物実態と意識の研究》(2006 年 5 月)。

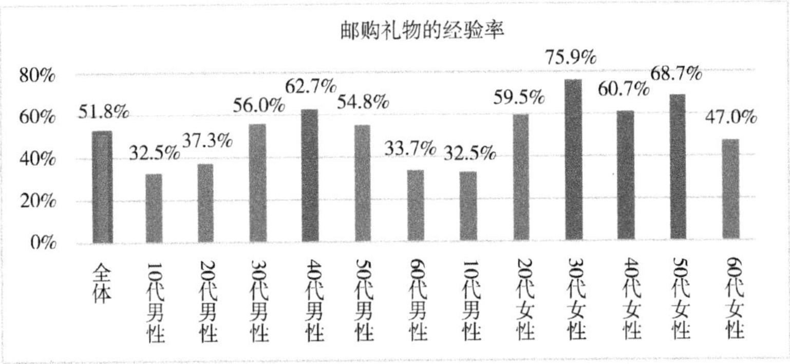

图 3① 不同性别年龄的人邮购礼物的经验率

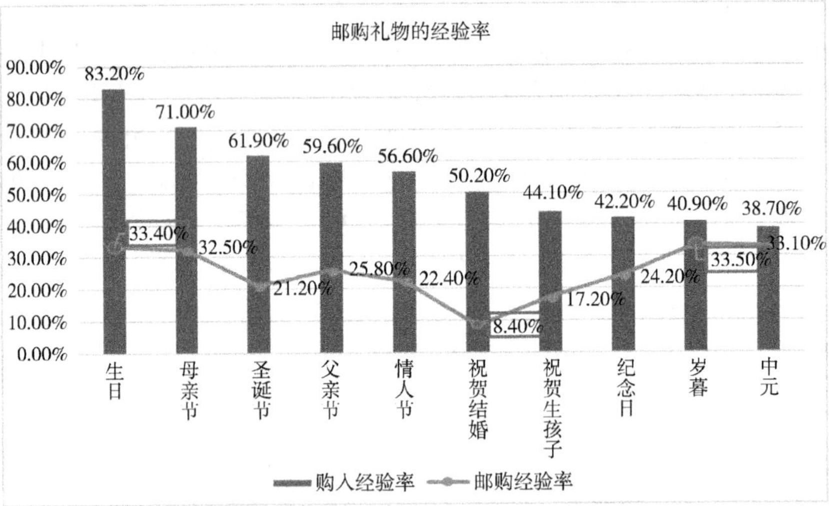

图 4② 不同赠答契机下邮购礼物的经验率

通过以上调查数据，可以看出三分之一的日本人在中元、岁暮这样的传统赠礼活动中使用了现代的送礼方式：网上购物和第三方配送。相比之下，中国人在送礼的时候较少采用网购和快递的方式，究其原因，笔者认为主要有以下三点：一是不亲自送礼的话很难显示赠礼人的诚意，难以达到赠送礼物的目的；二是因为网购的商品质量和快递的服务水平良莠不齐，万一送给别人有问题的商品或破损的商品是非常失礼的事情；三是很多商品的网购价格比实体店

① 资料来源：日本通信販売協会《贈り物と通販に関する消費者実態調査》(2013 年)。

② 资料来源：日本通信販売協会《贈り物と通販に関する消費者実態調査》(2013 年)。

便宜，用网购的商品送人会显得赠礼人比较小气。而日本之所以较多采用网购和第三方配送的方式，一方面是因为日本人即使委托第三方配送，也通常会附上表达赠礼人心意的书信或卡片，从而能够达到赠送礼物的目的；另一方面是因为日本的网购环境和配送服务相对比较完善，再加上日本人送的礼一般价格不太高，所以他们容易选择更加便捷的送礼方式。

传统的赠礼方式表现为送礼人和受礼人之间的直接交换，既要受到时间的限制，又要受到空间的限制。在直接的礼物交换中，购买商品的行为并不一定意味着赠礼行为的实现，商品必须经过包装环节的价值转换，然后由送礼人亲自把包装后的物品送到对方手上，才能完成赠送礼物的过程。进入现代社会，随着生活节奏的加快和电子商务的发展，越来越多的日本人选择委托商家、邮局、宅急送等第三方将礼物赠与他人，赠礼行为从直接交换变成了间接交换：送礼人——第三方——受礼人。在间接的礼物交换中，购买行为和赠礼行为几乎是同步完成的，由于配送是商品的附加服务，商品一经购买就意味着它具有了礼物的性质。

间接的赠礼方式虽然既省去了送礼人的麻烦，也省去了受礼人的麻烦，但同时也让送礼人和受礼人减少了面对面交流的机会，如果过度依赖第三方的中介作用，那么将会造成赠礼流于形式上的问候，而缺乏实质性的情感交流。

第三节　礼物内容的多样化

在以往的社会中，用于交换的礼物以食品、日用品等有形的物品为主，中元、岁暮的时候人们互相赠送的礼物基本上都是“定番商品”(不受潮流左右的固定商品)。进入网络时代以后，人们的交往方式发生了根本的变化，礼物的内容也日益多样化和个性化。商品券和礼品卡的出现使得礼物从“もの”(物品)延伸到“こと”(体验)和“サービス”(服务)等享受型消费过程，人们在节日时互赠商品券和礼品卡已经成为一种快捷、简便的时尚生活方式。日本在2009年颁布了《关于资金结算的法律》，该法律规定商品券是一种“预付式的支付手段”，礼品卡①和商品券一样也是具有预付性质的消费卡，区别在于礼品卡可以等同现金购买所有的商品，而商品券一般限制了使用的范围，比如图书券只能用于购买图书，餐饮券只能用来吃饭。此外，“目录礼物”“社交礼物”

① 礼品卡最早起源于美国，是商家发行的一种在指定商户及时间段内消费的代金券或预付费卡。

和“电子贺卡”也是网络时代的新型礼物，礼物从有形走向了无形。不仅礼物的品种更加多样化，而且礼物的价格也趋于低廉化，数百日元的小礼物已经成为互联网时代的新潮流。

一、礼物的品种日益丰富

由于赠答习惯最早源于“神人共食”的思想，即祭祀的人和神共同享用祭品，而祭品几乎是稻谷或是用稻谷做成的食物，因此食物在日本人的礼物交换中扮演着十分重要的角色。再加上日本是岛国，海产品特别丰富，所以日本人也经常互相赠送海产品，比如礼签就是用干鲍鱼制成的。中世纪后期商品经济的发展，使得金钱也成为礼物的一种，但当时的价值观念认为实物是比金钱更贵重的礼。江户时代中元、岁暮由祭祀祖先的节日发展为相互赠送礼物的节日，受到共食思想的影响，中元、岁暮的礼物主要以食品为主，后来逐渐扩展到日用品。

山口睦通过考察 A 家“出産祝い”(祝贺生孩子)的账本分析了礼物品种的历史变迁①。祝贺添丁之喜的礼物最早始于食物，主要是帮助产妇调理身体的味噌、鱼类和鸡蛋之类。“二战”以后的礼物变为水果和点心。进入 20 世纪以来，除了食物以外，将布制品和货币作为礼物送人的情况渐渐增多。20 世纪 90 年代以后，礼物形式慢慢统一为货币。货币在 1935 年 7 月以前并未作为礼物，而在同年 7 月才开始登场。从 20 世纪前半期开始到“二战”以后的这段时间，是食物、货币、布制品相互对抗的时期。货币在 20 世纪 90 年代以后占据了礼物品种百分之七八十的比例。货币作为礼物的普遍化为商品券和礼品卡的出现提供了交换价值的参考依据。

近代社会以来，日本引进了西方的个人化节日，个人间的礼物馈赠日益增多。企业为了满足礼物的个性化需求不断开发出新的礼物类型，比如商品券、目录礼物的出现为赠礼人和受礼人都提供了极大的便利。这两种类型的礼物既减轻了赠礼人挑选礼物的苦恼，又给受礼人提供了更多的选择自由。以图书券、餐饮券、旅行券为代表的各种商品券，可以让受礼人根据自己的时间去兑换或购买需要的商品。所谓的目录礼物是让受礼人自己选择目录上的礼物并打电话请人送货上门。互联网和智能手机的普及带来了社交网站和电子商务的繁荣，电子礼品卡和社交礼物的出现使得礼物的赠与和接受过程变得更为简单，

① 参见[日]山口睦：“贈答の近代——人類学からみた贈与交換と日本社会”，東北大学出版会，2012 年版，第 220-225 页。

就算是互联网上认识的朋友，也能通过社交网站轻松地将礼物送给对方。

可见，礼物的类型不仅包括具有使用价值的食品和日用品，也包括具有交换价值的金钱、商品券、礼品卡等，还包括新型的网络社交礼物。食品和日用品都是消费品，容易消耗掉，不会给别人增添处置礼物的麻烦。金钱具有万能的交换价值，能够换取所自己所需要的商品。商品券和礼品卡作为金钱的代替物，既能购买自己所需要的商品，又能体现出赠礼人挑选礼物的用心。网络社交礼物并不是具体的实物，它为受礼人提供的是一种线下消费的体验过程。

尽管送礼人很用心地挑选礼物，但有时送出的礼物也未必完全符合对方的需求。以中元、岁暮为例，根据2015年西日本电信电话株式会社《关于中元、岁暮的意识调查》结果显示，人们最希望收到的礼物前五位分别是商品券(54.8%)、啤酒(42.8%)、火腿(38%)、点心(35.5%)、目录礼物(26.8%)。其中啤酒、火腿和点心属于不受潮流左右的固定商品，选择商品券和目录礼物的人数比例接近八成，说明自由度高的礼物更受欢迎。但是，在想要送出的礼物中，前五位分别是啤酒(42.5%)、点心(31.5%)、火腿(26.3%)、果汁(16%)、调味品(14.8%)，而选择商品券和目录礼物的比例分别仅占11.5%和7.8%。可见，送礼人想要送出的礼物和受礼人希望收到的礼物之间存在着一定的差距。

二、礼物的价格趋于低廉

礼物的价值和赠礼的场合及人际关系的距离有关系，正式的场合一般比随意的场合价值要贵一些，这是因为正式礼物的赠送频率低，所以价格高；而随意礼物的赠送频率高，所以价格低。关系亲密的家人或朋友之间有可能赠送比较贵重的礼物，但在社会性的交往中日本人一般不会赠送太过贵重的礼物。这里面主要有两个方面的原因，一是从送礼人的立场来看，需要表达感谢的社交对象往往数量很多，为了减少经济上的负担送给每个人的礼物价值自然不会太高；二是从受礼人的角度来考虑，赠送价值太高的礼物会给别人带来回礼的心理压力。一般来说，社交性的正式礼物比较注重品牌和厂家，最好选择大家普遍喜欢的礼物；而随意的礼物则更看重使用的经验和周围人的评价，通常会根据自己的标准来选择适合的礼物。

近年来，以"社交礼物"和"小礼物"为代表的低价礼物在网络上流行起来，"小礼物"原本是在婚宴结束后由新郎新娘亲手送给客人表达谢意的象征性礼物，礼物的价值通常在200日元至500日元。后来除了婚礼，"小礼物"也广

泛用于日常生活中的各种场合(如圣诞礼物、生日礼物等)。中国人送礼时说“一点小意思”，基本上并不是小意思，有些还是很贵重的礼物。日本人送礼时也常说“つまらないものですが”(小小礼物，不成敬意)“心ばかりのものですが”(小小心意)“ほんの気持ちだけですが”(只是一点心意)，但他们送的就真的是很小的礼物，比如毛巾、手帕、肥皂等日用品，或者是糖果、点心之类的食品。在日本人的观念里，这些东西都是生活必需品，非常的实用，拿它们来送礼最适合不过了。

之所以会产生这种文化差异，笔者认为主要有两点原因：第一，中国和日本的经济发展水平不一样决定了人们的价值观念有所差异。中国是发展中国家，物质生活尚没有达到富足的程度，所以中国人对礼物的价格还是比较看重的。日本是经济发达国家，物质需求已经基本得到满足，所以在赠送礼物时，比起礼物的价格，日本人更重视礼物的形式。在2015年西日本电信电话株式会社关于中元、岁暮的意识调查中，近七成的人在选择礼物时最重视的是“让对方高兴”(43%)和“传递自己的心意”(24%)，看重“价格”(24.8%)和“外观”(8.3%)的人数加起来只占三成左右。第二，中国人和日本人看问题的出发点不一样。中国人往往从自己的想法出发去挑选礼物，他们认为礼物的价值代表着赠礼人的诚意和双方的亲疏关系，价值越高则意味着心意越诚，关系越亲，如果购买低价的食品和日用品送人会显得赠礼人十分小气且没有诚意；而日本人则习惯站在对方立场考虑问题，他们认为过于贵重的礼物会给对方造成回礼的负担，而且会让对方感觉送礼是因为有求于他(她)。

第四节　赠答主体的多元化

日本的赠答主体经历了从共同体到个人再到自己的演变过程。“二战”以前，“家”是生活共同体，在经营农业的场合是一个经营体，是由构成“家”的家庭成员(多数场合由一个家长的家属成员组成，也可以包含家属以外的人)组成的、明确的社会集团单位。“二战”以后，否定传统的“家族制度”①是战后实行民主化改革的重要成果，核心家庭成为日本现代家庭制度的主流模式。另一方面，以“松下”为首的大企业将“家族制度”的模式应用到企业管理中，用终身雇佣制把以工作岗位为中心的职工构成一个封闭的社会集团——企业共同体。20世纪90年代以前，礼物赠答的主体是以“家”或“企业”共同体为单

① 传统“家族制度”的两大核心要素是家长权和长子继承制。

位进行的，赠礼的目的是为了维护共同体内部的和谐。20 世纪 90 年代以后，随着企业共同体的衰落，礼物赠答主要以个人为单位，“自我赠与”是个人间赠礼的一种特殊表现形式。

一、共同体

在传统的农耕社会中，一个村落形成一个生活的共同体，由于生产力落后，稻作生产离不开家庭间的互助合作。如果有一个家庭因为某种原因不能按时完成耕作任务，那么整个村落都会受到影响，所以在这种情况下亲戚和近邻都会来帮忙。在重要的节日来临之际，大家也会互相帮忙用稻谷制成祭品，供奉给神灵和祖先，供奉完毕后便将祭品赠送给前来帮忙的亲戚和近邻。日本农村有一种叫作“村八分”的惩罚方式，是指在村落的十种共同行为中，除了丧事和火灾①之外，对于违反村规的人，大家都会与之绝交。剩下的八种共同行为包括成人仪式、结婚仪式、生小孩、生病、盖房子、水灾、忌日法事、出远门。可见，每个家庭只有严守村落共同体的秩序，才能避免被孤立到集团之外的危险。

伊藤干治在《赠答的日本文化》中指出，“从近世到近代的日本社会是以‘家’这个制度化的经营共同体作为单位来进行礼物交换的”。② 他将农村的赠答活动分为年中行事和人生仪式两类，通过分析战前、战中和战后三个阶段的具体实例，从交换论的角度对年中行事的赠礼特点概括为如下四个方面：(1)除了少数情况，大部分的赠礼都伴随着回礼。(2)主要以食物交换为主。(3)礼物交换遵循均衡原理。(4)存在象征性回礼——“オウツリ”。而在人生仪式的赠礼方面，既有食物的交换，也包括礼物和宴席的交换。宴席结束以后，主人还会给宾客送上一点吃的礼物，从而避免客人空着手回去。从赠礼的对象来看，无论是年中行事还是人生仪式，农村的赠答活动基本上都发生在父母子女、兄弟姐妹或者亲戚近邻之间。

随着战后产业结构的调整，从事第二、第三产业的劳动者(以男性为主)形成了以“社缘”为媒介的企业共同体。为了促进集团内的相互交流，中元和岁暮成为向在工作中关照自己的上司、前辈和客户赠送礼物的最佳时机。根据森口兼二和滨口惠俊 1963 年对城市的礼物赠答情况所做的社会调查，以岁暮为例，赠与对象除了父母以外，大部分都是对自己有恩或是关照过自己的人，比如亲戚、近邻、恩师、上司、客户、媒人以及特别照顾过自己的人，其中向

① 丧事和火灾如果处理不当的话会殃及他人。

② ［日］伊藤幹治：《贈答の日本文化》，筑摩書房，2011 年版，第 41 页。

上司和客户赠礼的人数比例最高。20 世纪 90 年代以后，由于年功序列和终身雇用制的崩溃，导致日本企业的赠答活动出现衰退的趋势。

二、个人

战后颁布实施的新民法否定了战前的父权制大家庭制度，开始强调家庭成员的个人尊严和男女平等。在实施新的家庭制度和战后快速工业化的进程中，大量农村人口向城市迁移，核心家庭和单身家庭的比例大幅增加，城市的礼物赠答逐渐从以“大家庭”为单位变成以“核心家庭”或“个人”为单位。别府春海将赠与分为物质性赠与和非物质性赠与两种(如表 3 所示)，物质性赠与又包括“赠答”和“(狭)物品交换”，他认为“赠答”作为传统的赠与领域是以“家”为单位的，而“(狭)物品交换”则是指个人间的物品交换。山口睦认为，生日、圣诞节、情人节等新的赠答契机也属于个人的赠与领域①。

表 3②　赠与的分类

<table>
<tr><td colspan="3">赠　与</td></tr>
<tr><td colspan="2">物质的赠与(宏)物品交换</td><td rowspan="2">非物质的赠与</td></tr>
<tr><td>赠答</td><td>(狭)物品交换</td></tr>
<tr><td>例：中元、岁暮、奠仪、订婚礼物</td><td>例：分送给邻居的礼物</td><td>例：情绪、地位、人的交换</td></tr>
</table>

随着大家庭的解体和企业共同体的解体，个人间的赠礼活动日益活跃起来。根据矢野经济研究所 2009 年针对个人礼物市场所做的调查分析(如图 5 所示)，在 2000 年至 2010 年这十年间，以中元、岁暮为代表的“正式的礼物”呈现逐渐减少的趋势，而“随意的礼物”则呈现快速增长的势头。矢野经济研究所于 2016 年公布的《关于礼物市场的调查结果》显示，2015 年礼物市场规模比上一年增加了 2.2%，尽管“正式的礼物”的市场规模在继续缩小，但“随意的礼物”对礼物市场起到了支撑的作用。

---

① 参见[日]山口睦：《贈答の近代——人類学からみた贈与交換と日本社会》，東北大学出版会，2012 年版，第 4 页。

② 该表引自[日]伊藤幹治/栗田靖之編著：《日本人の贈答》，ミネルヴァ書房，2015 年版，第 21 页。

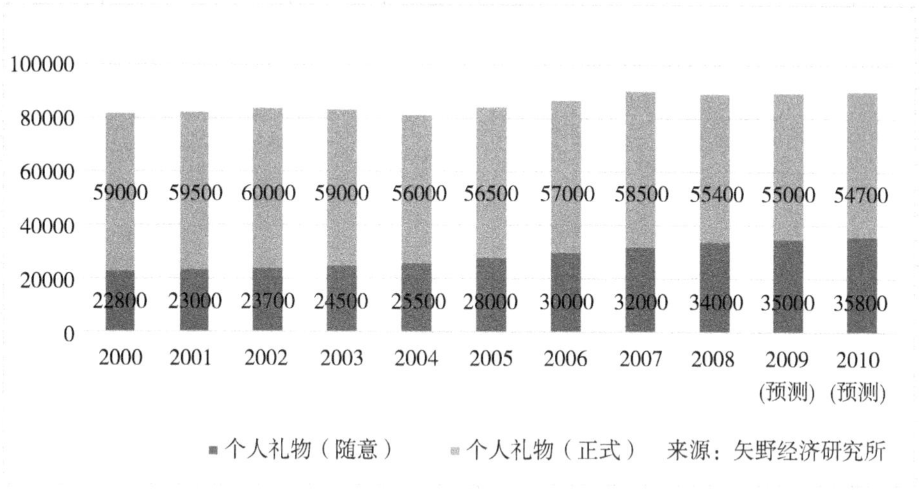

图5① 个人礼物的市场份额

株式会社 mash 在 2014 年以 20 岁至 60 岁已婚女性和 20 岁至 40 岁未婚女性为对象分别做了关于中元送礼和岁暮送礼的问卷调查，从中元送礼的人数来看(如图 6 所示)，送出礼物的人仅占 37.8%，而且 55.3%的人只送出 1~2 件礼物；从岁暮送礼的人数来看(如图 7 所示)，送出礼物(含预计送礼)的人共

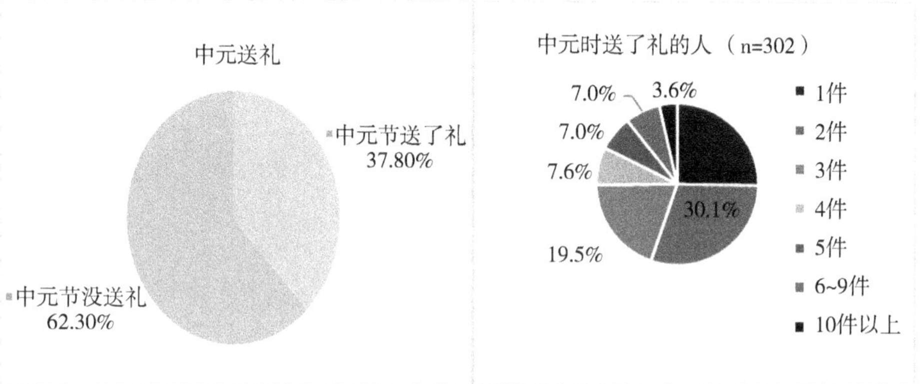

图6② 中元赠礼的实施情况

① 该图引自安倍麻奈美など：百貨店におけるギフト市場の拡大~敬老の日にギフトを~。

② 资料来源：株式会社 marsh《2014 年のお中元に関するアンケート調査》。

占 43.8%，不打算送礼的人占 56.3%，而且 54%的人也只送 1~2 件礼物。

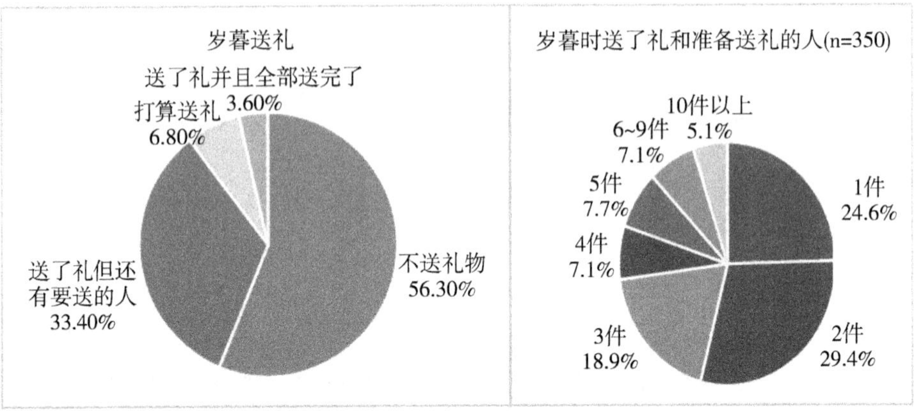

图 7①　岁暮赠礼的实施情况

可见，选择在中元和岁暮送礼的人约占 4 成的比例，一半以上的人只送 1~2 件礼物，反映出人们对这两个节日并不像从前那么重视。其次，从中元和岁暮的赠礼对象来看(如图 8 所示)，超过 5 成的人会给亲戚送礼，给自己的

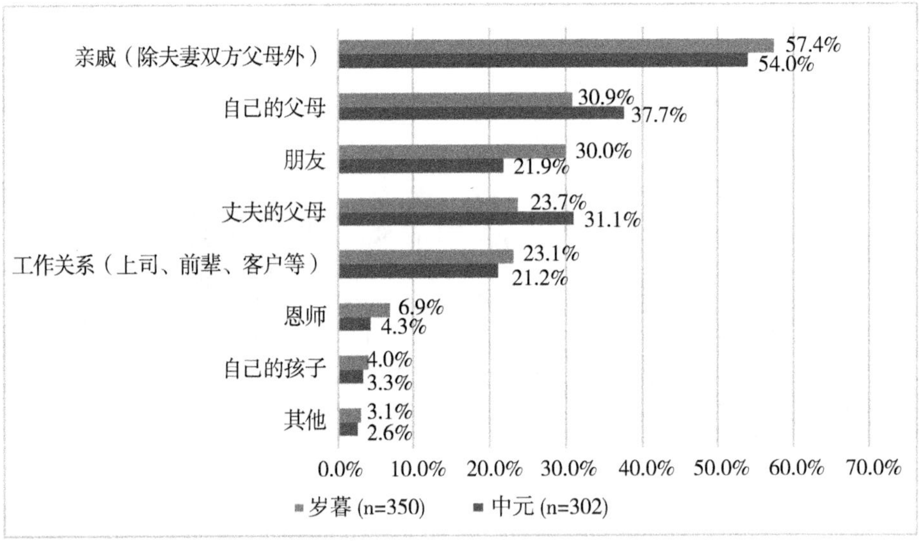

图 8②　中元・岁暮的赠礼对象

① 资料来源：株式会社 marsh《2014 年のお歳暮に関するアンケート調査》。
② 资料来源：株式会社 marsh《2014 年のお歳暮に関するアンケート調査》。

父母或丈夫的父母送礼的人数也达到半数以上，而工作关系(上司、前辈和客户等)方面的赠礼仅略高于20%，说明向工作上关照自己的人送礼的传统习惯已经转为向家人或亲戚送礼的节日。

对比中国的端午、中秋和春节这三个最为重要的传统佳节，明显可以看出日本人在中元、岁暮时的赠礼对象更加广泛，除了父母、亲戚，还会向上司、恩师以及其他关照过自己的人送礼。中国人在传统佳节的时候，通常只给父母和亲戚送礼，很少向其他人送礼。此外，从情人节也可以看出日本人的赠礼对象更加广泛：女性不仅赠送巧克力给喜欢的男性，也赠送巧克力给同事、朋友、家人甚至自己。

三、自己

日本从2005年开始，在中元、岁暮的送礼时节“自家需要”(为自家购买礼物)的现象逐渐呈现增长趋势。2006年6月19日的《朝日新闻》报道了一篇名为《中元节的变化——送给自家的比例在增加》的新闻，表明中元节不再只是购买礼物送给他人，也可以购买礼物送给自家。日本人不仅在中元、岁暮给自家购买礼物，而且在情人节的时候也会购买“マイチョコ”(自我巧克力)或“ご褒美チョコ”(犒赏性巧克力)供自己享用。根据2006年2月7日的《朝日新闻》报道，一家名为“プランタン銀座”(银座春天百货)的商场对203位女性进行问卷调查发现，有81%的女性都会购买巧克力送给自己。

近年来的中元商战，各大百货商店都会设置“自家用”专柜和“试用”专柜，既满足了部分顾客选购平时不会买的商品供自家使用的需求，也让一些赠礼人能够事先亲自体验商品的良好性能。博报堂生活综合研究所①从1992年起每两年对生活的各个领域进行一次“生活定点”调查，根据2014年7月公布的调查结果显示②，从1998年开始中元送礼的比例呈现明显的下降趋势，而“犒赏自己”的礼物比例则在逐渐增加。在2006年至2008年期间两者的比例发生了逆转，赠礼行为的主流从“赠与他人”变为“赠与自己”③。根据日本雅虎在

① 博报堂生活综合研究所是日本第二大广告集团博报堂集团的子公司，是日本研究人类行为最好的研究所之一。

② 参见博報堂生活総研：《「常識の変わり目」Vol. 3：その「贈りもの」、誰のため?》。

③ 日语原文是：“「お中元を毎年欠かさず贈っている」の項目は、1998年から徐々に下降。一方、「自分へのご褒美として何かを買ったことがある」はじわじわ増加しています。そして、2006年から2008年にかけて両者の割合は逆転しました。贈り物の行動の主流は「他人へ」から「自分へ」と変わったのです。”

2014年5月实施的“中元节意识调查”结果显示，在中元节的赠礼对象中，送给“自己或配偶的父母”的比例占到了半数以上。博报堂生活研究所分析中元送礼出现衰退主要有三个原因：(1)父亲节和母亲节的普及导致赠答契机竞争激烈。(2)2008年的金融危机导致众多企业不得不削减节日送礼的经费开支。(3)2006年以后社交网站的普及增加了获知朋友生日信息的机会，为了维持互联网上的人际关系，以20~40岁日本人为中心的随意的赠礼开始流行起来，礼物的潮流从正式礼物转向日常性小礼物。

奥林匹克马拉松女子冠军有森裕子在1996年时说过的一句话感动了日本的年轻人，她在胜利后大喊：“初めて自分で自分をほめたいと思います”(这是我第一次想要夸奖我自己)，这句话成为当年的流行语，即使到现在也依然十分流行。有森裕子所表达出来的自我赞赏、自我重视的意愿吸引了日本社会的年轻人。因为在传统上，这个社会更重视团体，更重视垂直关系，并且激起周围人的道德压力。这句流行语的传播促使更多的日本人产生犒赏自己的行动。根据国势调查(相当于中国的人口普查)的结果，日本的单身家庭在2006年时超过了包含父母和孩子的核心家庭，而这个时期也正是赠礼的主流从“赠与他人”向“赠与自己”发生转变的时候。当一个人在生活中感到孤独难过的时候，往往容易产生买个什么礼物来犒劳自己的心态。再加上比起劳心费力挑选礼物送给他人，还不如选个礼物送给自己。这种更加轻松的心态也发挥了一定的作用，从而导致自我赠与逐渐流行起来。

第五节　赠答动机的复杂化

礼物馈赠行为不仅包含赠答的主体、契机、方式、内容等外在要素，而且更为重要的是行为者的赠答动机。动机是促进个体行为的内在动力，动机产生的原因主要有两个：一是需求(need)，二是激励(stimulation)。弗洛伊德的精神分析心理学从本能出发解释人的行为动机。人本主义心理学家马斯洛的需求层次理论也是他的动机理论，生理性需要处于最低层，称为原始性动机，但其他高层需要(安全、情感、尊重、自我实现)明显较少依赖于特定的生理过程，故称为社会心理动机。礼物交换属于较高层次(如情感、尊重)的需求，人类学家认为互惠性的需求是礼物交换的驱动力。互惠不仅表现为实际利益的需求，而且体现了人与人之间的情感联系和相互尊重的需求。日本人赠送礼物的动机往往根据赠礼对象和具体情境的变化而有所不同，以下主要从非网络时代和网络时代两个不同的时代背景来分析赠答动机的变化。

一、非网络时代的赠答动机

日本的赠答习俗源自“神人共食”的思想，人们把新收获的稻谷作为祭品供奉给神灵，目的是为了感恩神灵，并祈求神灵保佑。后来，人与神之间的赠答行为发展到人与人之间，互赠礼物成为生活在共同体中的成员相互依赖、强化归属感的有效方式。第三章在对礼物进行分类时曾提到别府春海根据送礼者的动机将礼物分为表达性和工具性两种类型，井下理在分析日本人的赠答动机时，进一步引入了时间的维度，他依据“表达性-工具性”，过去-未来两个维度，将赠答的动机分为以下四种类别(如图 9 所示)：(1)“感谢”(面向过去・表达性)、(2)“爱”(面向未来・表达性)、(3)“投资”(面向未来・工具性)、(4)“偿还”(面向过去・工具性)。井下理对这四种类别在实际赠答活动中所占的百分比进行了调查(如图 10 所示)，其中排在前五位的动机分别是“谢谢”(92.4%)、“今后也请继续交往”(69.9%)、“加油”(31.5%)、“对不起”(27.2%)和“请多关照”(15.8%)。可见，在日本人的传统赠答行为中，第(1)种类型和第(3)种类型的动机比例最高，而第(2)种类型的动机比例相对较低。

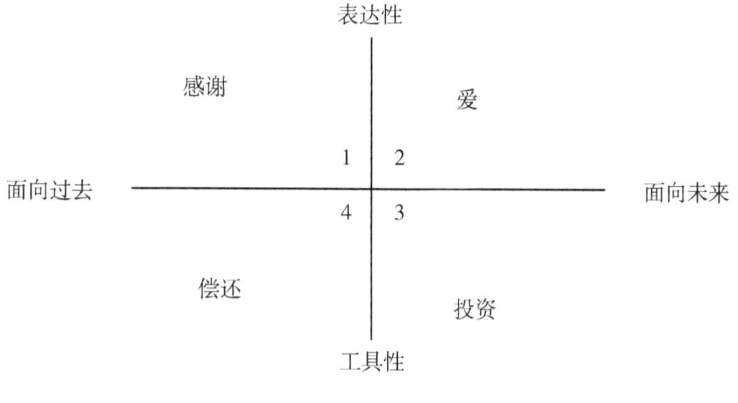

(注)井下(1979)p44

图 9①　赠答动机的四种分类

① 该图引自市川孝一：《贈答の生活学》，载于《文教大学生活科学研究》1989 年。

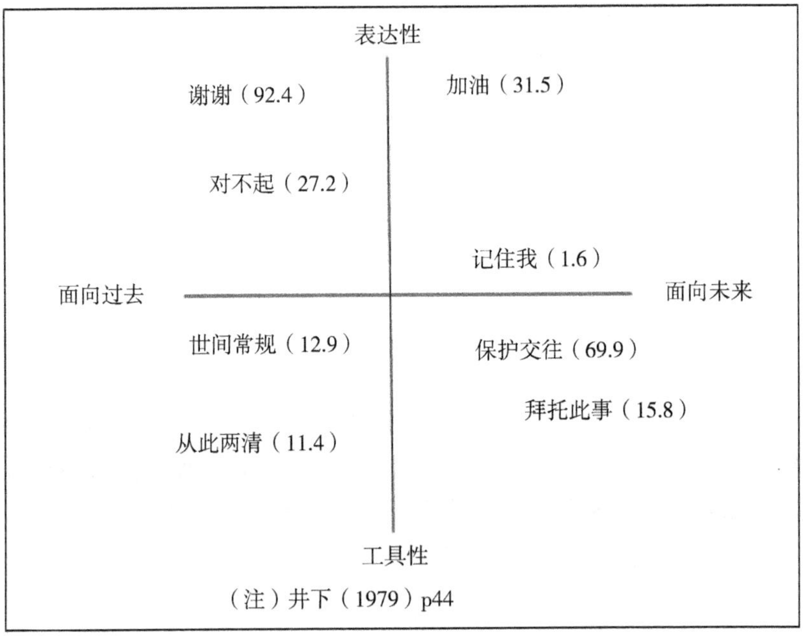

[注：其他(6.3)括号(%)]

图 10①　赠答动机的百分比

阎云翔曾指出，表达性的礼物馈赠以交换本身为目的并经常反映了馈赠者和收受者间的长期关系；与此相对，工具性礼物仅是达到某种功利目的之手段并一般意味着短期的关系②。从日本人的传统赠答行为来看，中元和岁暮在表达感谢的同时也期待今后的继续关照，因此第(1)种类型和第(3)种类型的组合动机表明工具性礼物也能维持长期的关系。哥顿温(Goodwin)将送礼动机分为两种：义务的(obligation)和自发的(voluntary)。在以中元和岁暮为代表的传统节日中，礼物的情感性因素和工具性因素同时存在，这类赠礼以“义理”为原则，属于义务性赠礼。别府春海认为日本战后以“社缘”为中心的中元、岁暮送礼是一种工具性礼物。

“义理”和“人情”是日本人维系人际交往的基本原则。义理是指报恩的义务，人情是指个人的感情。“义理人情”的道德观念确立于近世的武家社会，

① 该图引自市川孝一：《贈答の生活学》，载于《文教大学生活科学研究》1989 年。

② 参见阎云翔. 礼物的流动[M]. 上海人民出版社，2000：44.

本尼迪克特认为，武士对主君及其同伴的关系，是重视名誉的人对其上级及同辈所尽的忠诚①。这种"义理"性的义务，被视为武士的德行。到了江户时代，庶民文化取代武士文化，"义理"观念在庶民中普及开来。"为了义理"这句话，对日本人来说，最能表达那种负担沉重的人际关系②。近代以后，随着西方文化的引入和商品经济的发展，越来越多的人开始注重生日、情人节、母亲节等表达个人感情的节日。尤其是在20世纪90年代以后，中元、岁暮等传统节日的赠礼对象发生了很大的变化，感谢上司、师长、客户等义理关系的传统节日，逐渐成为加强家人与亲戚之间联系的节日。

二、网络时代的赠答动机

在西日本电信电话株式会社于2015年5月实施的《关于中元、岁暮的意识调查》中，关于赠礼的理由，排在前三位的分别是"传递日常的感谢之情"(68.3%)、"每年的习惯"(36%)、"促进与他人的人际交往"(33.3%)。这三项都是与"义理"有关的内容，可见"义理"意识仍然是影响中元和岁暮赠答行为的主要原因。关于在选择礼物时最看重的方面，43%的人选择"对方喜欢"，24.8%的人选择"价格"，还有24%的人选择"传递自己的心意"。在传统的赠答习俗中，日本人选择的礼物内容基本上都是约定俗成、千篇一律的。随着赠礼活动越来越个人化，人们在礼物的选择上开始追求鲜明的个性，赠送礼物的行为不仅要让对方感到满意和高兴，而且也要体现出自己的意愿和特色。

根据DNP2015年11月《关于日常生活和赠礼情况的调查》显示③，人们在赠送礼物时主要基于以下几种心理：(1)取悦对方。(2)表达心意。(3)良好的交流机会。(4)习惯性馈赠。(5)形式化馈赠。其中，习惯性馈赠和形式上馈赠均属于消极的心态，人们对中元节赠礼的消极心态十分显著。笔者在和日本友人的访谈中，也注意到现在的很多日本人并不怎么关心中元、岁暮赠礼，他们反倒更关注情人节和圣诞节这些来自西方的节日。

一位四十多岁的日本男性友人A说道："现在还有多少人会送中元礼

① 参见[美]鲁思·本尼迪克特. 菊与刀——日本文化诸模式(增订版)[M]. 吕万和、熊达云、王智新，译. 译林出版社，2012：125.

② 参见[美]鲁思·本尼迪克特. 菊与刀——日本文化诸模式(增订版)[M]. 吕万和、熊达云、王智新，译. 译林出版社，2012：124-125.

③ 参见：DNP《日常生活とギフトの実施状況に関する調査》(2015年11月)。

和岁暮礼呢？记得在我小的时候父母的确送过或收到过礼物，但在我进入社会以后，我自己从来没有送过或收到过礼物。在我的朋友之间，也没有人聊过关于中元送礼和岁暮送礼的话题。以前每到中元和岁暮时节，百货商场都会设置专门的柜台销售节日礼品，但现在我几乎没见过那样的柜台了，反而一到情人节和圣诞节，商家就会大张旗鼓地销售巧克力及其他时髦的商品。”(2017 年 1 月 15 日访谈记录)

其他三种属于积极的心态，比如生日礼物主要是为了取悦对方，而日常的小礼物则有利于增加交流的机会。随着时代的发展，日本人赠礼行为中的积极心态表现得越来越突出，不仅如此，积极的心态和消极的心态往往杂糅在一起，只是在不同的赠礼时机中所占比率有所差异而已，也就是说人们在赠送礼物时的心情呈现出复杂化的趋势。

以情人节为例，无论是在欧美，中国或者日本，情人节都是赠与者向自己所爱的人表达爱恋的节日。但是，情人节从西方传到日本以后逐渐形成自己的特色，原来单纯表达爱恋的动机慢慢发生了变化。比如日本人在情人节赠送亲情巧克力给父亲、兄弟以表达爱和关心，赠送义理巧克力给男性同事以维护和谐的人际关系，也赠送巧克力给自己作为一种犒赏。由此可见，日本人不仅保留了在情人节向爱的人送出本命巧克力以传递爱意的习惯，也形成了向身边的其他男性送出亲情巧克力或义理巧克力以表达感谢的风俗，此外，以“自我巧克力”“犒赏性巧克力”“为自家购买礼物”为代表的“自我赠与”反映出赠礼动机的新变化。总而言之，日本情人节的赠礼动机具有多样化的特点。

再以“お土産”①为例，根据赠与对象和具体情况的不同，赠礼动机也有所不同。日本人赠送“お土産”的动机主要包括以下五种类型：(1)LOVE：表达纯粹的好意，如爱、尊敬、理解、肯定等；(2)ESCAPE：为弥补休假给别人带去的麻烦，通过表达歉意来消除自己的负罪感；(3)RETURN 1：对日常所受关照的回礼，主要是为了表达感谢；(4)RETURN 2：对曾经收到礼物的回礼，目的在于履行回礼的义务；(5)PRIDE：自我夸耀，通过赠送礼物来表现自己的品位和慷慨②。

沃芬巴哥(Wolfinbarger)将送礼动机划分为三种：利他的(altruism)、义务

① 这里的“お土産”指的是旅行特产。

② 参见平中翔太等：「日本のお土産文化からみるギフトコミュニケーションへの一提言」，明治大学商学部第 45 回奨学論文，2014 年 8 月。

的(norm/obligation)、利己的(self-interested)。根据这一分类方法，“お土産”的第(1)种和第(3)种动机是从考虑对方出发，具有利他的特点，第(2)种和第(4)种动机属于义务性馈赠，而第(5)中动机主要是从自我出发，具有利己的特点。平中翔太等人通过调查问卷的方式得出这五种动机的比例分布结果如下：LOVE(32.1%)、ESCAPE(17.4%)、RETURN 1(36.8%)、RETURN 2(18.4%)、PRIDE(6.0%)。其中，(1)(3)两种利他性馈赠的比例合计约60%，说明日本人在赠送“お土産”时主要站在对方的立场考虑。比起传统以义理为原则的义务性馈赠，现代的赠礼活动更加注重对他人的感谢、关心以及自我情感的表达。

将近年来的赠礼动机和井下理在20世纪七八十年代的动机研究进行对比，可以发现：在20世纪90年代以前赠礼的动机以义务性、工具性为主，目的是为了维护共同体内和谐的人际关系；在20世纪90年代以后赠礼的动机逐渐以自发性、表达性为主，目的在于通过礼物促进个人间情感的交流和联系。《大辞林 第三版》对“贈る”(赠礼)下的定义是：“人に感謝・愛情・支援などの気持ちを表すために金品を与えたり、行動に表したりする。”(赠礼是为了对他人表达感谢、关爱、帮助等情感而给与的物品、金钱或行动表示。)这一定义描述了理想礼物的特征，即：真心诚意、不求回报。中元、岁暮等传统节日的初衷本来是对关照自己的人表达感谢和问候，然而随着节日的制度化，馈赠行为逐渐沦为一项社会义务，即礼物馈赠失去了它本来的价值和意义，超过半数的日本年轻人认为没有必要进行徒有形式的赠礼活动。根据西日本电信电话株式会社在2015年5月关于中元和岁暮的调查，从1995年开始，中元和岁暮呈现出个人化的趋势，赠礼的动机也逐渐回归到原点，即发自内心地对关照过自己的人(如身边的亲人朋友、直属上司等)表达感谢和问候。

第五章　赠答习惯发生变化的原因

上一章主要从赠答活动的基本要素出发对网络时代礼物馈赠的特征进行了具体分析。总体上看，网络时代的礼物馈赠具有日常化、多元化、复杂化的特点。礼物馈赠习惯的变化折射出社会环境和社会关系的变化，因此，在本章中，笔者将从雇佣形式、家庭结构、交往方式、价值观念和商业主义等五个方面出发来探讨网络时代赠答习惯发生变化的深层次原因。其中，雇佣形式的变革反映了社缘关系的变化，家庭结构的变化带来了家庭关系的改变，社会交往方式的变化引起了人际关系的陌生化。此外，价值观念的转变和商业主义的推动也是赠答习惯发生变化的重要原因。

第一节　雇佣形式的变革

一、终身雇佣制的形成和衰落

1972 年 OECD(经济协力开发机构)出版的《OECD 对日劳动报告书》中，将“终身雇佣制”“年功序列制”和“企业内工会”归纳为日本企业经营的三大神器。终身雇佣制并非法律上明文规定的制度，而是由企业自行制订的雇佣形式。从终身雇佣制的历史变迁(如表 1 所示)来看，20 世纪 50 年代，由于劳动力严重不足，人才紧缺，为了稳定人心，以松下为首的大企业开始实行终身雇佣制。20 世纪 60 年代，随着大企业依靠这种制度提高了经济效益，更多企业开始采用终身雇佣制。20 世纪 70 年代，终身雇佣制已经成为日本大企业的重要特征。

终身雇佣制奉行“公司就是家”的理念，实际上是“家族制度”的继承和发展。企业给予员工家庭式的关心，员工忠实于企业，努力表现“爱社精神”。员工的福利待遇、医疗养老、奖金制度等方面的问题都是由企业为员工着想，这

表 1① 终身雇佣制的历史变迁

<table>
<tr><th colspan="2">时代</th><th>忠诚的思想</th><th>主要事件</th><th>终身雇佣制的变迁</th></tr>
<tr><td colspan="2" rowspan="2">江户时代</td><td>忠于“藩主”</td><td rowspan="2">德川家族统治</td><td rowspan="2">藩主与家臣
雇佣与被雇佣</td></tr>
<tr><td>忠于“藩”</td></tr>
<tr><td colspan="2">明治时代</td><td>忠于国家</td><td>明治维新</td><td>包工制</td></tr>
<tr><td colspan="2">大正时代</td><td>忠于天皇</td><td>“一战”爆发</td><td>终身雇佣制的雏形</td></tr>
<tr><td rowspan="4">昭和时代</td><td>20 世纪 50 年代</td><td rowspan="3">忠于企业（强烈）</td><td rowspan="3">日本战后经济飞速发展</td><td>终身雇佣制在社会中的固定</td></tr>
<tr><td>20 世纪 60 年代</td><td>终身雇佣制在社会中的广泛应用</td></tr>
<tr><td>20 世纪 70 年代</td><td>终身雇佣制成为日企的重要特征</td></tr>
<tr><td>20 世纪 90 年代</td><td rowspan="2">忠于企业（弱化）</td><td>经济衰退</td><td>对雇佣制的调节</td></tr>
<tr><td>平成时代</td><td>21 世纪</td><td>知识经济的到来</td><td>对雇佣制的变革</td></tr>
</table>

使得企业管理者与全体员工形成“一荣俱荣，一损俱损”的共同利益关系。而且，几乎所有的员工一旦进入企业将工作到退休，员工与员工之间出于长期打交道的需要保持和谐的人际关系。中根千枝指出，日本人因调动工作而出现的变动很少，人们常常用“集团主义”或对公司的“忠诚心”等来做解释，这种现象其实是日本人在所处的社会条件下个人进行选择的结果②。个人在同一家企业工作很长时间，主要不是出于对企业公司的忠诚度，而是因为变换工作会给个人带来很大的利益损失。为了协调企业内部的人际关系，员工们经常和上司一块出去喝酒，也会借中元、岁暮的机会向上司送礼表达承蒙关照的谢意。

20 世纪 90 年代泡沫经济破灭，日本经历了战后最严重的经济衰退，终身雇佣制的弊端越来越明显，如人才流动不畅、个人的积极性和创造性难以发挥、企业的劳动力成本过高等。信息技术的发展使得市场竞争加剧，产品寿命缩短，技术需要不断创新和突破，同时，信息技术的普及导致很多管理工作的岗位减少。再加上老龄化和少子化的共同作用，一方面的问题是劳动力成本上

① 该表转引自王默凡：《日本终身雇佣制的历史变迁》，载于《首都经济贸易大学学报》，2012 年第 4 期。

② 参见[日]中根千枝. 纵式社会的人际关系[M]. 陈成，译. 商务印书馆，1994：28.

升，另一方面的问题是劳动力不足。2001 年，松下、富士通、NEC、索尼等各家电子公司相继宣布裁员计划。自泡沫经济破灭以后，终身雇佣制逐渐无法维持，与年功序列制一起慢慢衰退下去。经济的不景气使得家庭收入变得不可预测，为了节省生活开支，人们不得不减少中元、岁暮的礼物支出。有的员工甚至认为“经济不景气是管理者的责任”“像以前那样关照自己的上司不多了”，因此企业内部员工给上司送礼的现象逐渐减少。可以说，终身雇佣制的衰退是日本中元、岁暮的送礼习惯发生转变的主要原因。此外，由于网络时代的个人信息受到保护，很少有员工知道上司的家庭住址，这也是导致中元、岁暮送礼走向衰落的原因之一。

二、雇佣形式的变革对人际关系的影响

经济全球化的发展，使日本传统的经济发展模式和就业模式发生了改变。为了在经济发展中占据有利地位，各大企业纷纷大量雇佣非正式员工，以降低劳动力成本。因为非正式员工不仅可以弥补经济发展中的劳动力短缺，而且可以在经济衰退的时期解聘多余的员工。再加上日本政府放宽对非正式员工就业的限制，导致非正式员工的数量急剧增加，就业形式日趋多样化。非正式员工的雇佣形式主要分为パート(临时工)、アルバイト(业余打工者)、派遣社員(派遣员工)、契約社員(短期合同工)、嘱託社員(返聘员工)等。根据日本厚生劳动省(相当于中国的人力资源和社会保障部)2015 年的调查数据，非正式从业人员占全部从业人员的 37.5%，而临时工和业余打工者占非正式从业人员的比重分别为 48.5%和 20.5%。

尽管非正式雇佣对降低企业的劳务成本、有效利用劳动力资源和增加工作弹性具有积极的作用，但薪酬水平低和就业不稳定是非正式员工面临的主要问题。非正式员工的增加不仅拉大了社会的贫富差距，抑制了整个国家的消费，而且经济上的原因导致非正式员工的结婚率低下，进一步加剧了少子化现象。雇佣形式的变革不仅影响了社会的稳定，而且对人际关系也产生了一定的影响。首先，超过三分之一的非正式雇佣比例使得员工对企业的依存度大大降低，非长期的雇佣关系使得这些员工认为没有必要花费太多精力和金钱来维系企业内部的人际关系。其次，20 世纪 90 年代以前的终身雇佣制以工作年限来决定工资和晋升，所以十分注重论资排辈和上下级关系；而 20 世纪 90 年代以后的雇佣形式更加看重的是个人能力和工作业绩，因此员工开始追求自我价值的实现。再次，非正式员工占日本员工约四成，由于工作机会减少，很多人不

得不回归家庭，与父母共同生活，过起了“啃老”的生活。

在以终身雇用制为基础的企业共同体中，管理者与员工之间，员工与员工之间形成了长期且稳定的社缘关系，它和村落共同体中的赠答行为属于同一种类型，目的都是为了促进集团内部的相互交流和强化集团成员的身份意识。在中元、岁暮时向上司等有工作关系的人赠送礼物既是为了表达对日常关照的谢意，也暗含着工具化的企图。强化社缘关系在日本近代化和城市化的进程中起到了安抚人心、安定社会的积极作用，但随着终身雇佣制的衰退和互联网时代的到来，以社缘为纽带的人际关系开始朝着“好缘”①“电缘”的方向发展。由于生活节奏的加快和社交网络的兴起，人与人之间的直接交流变得越来越少，因此传统的中元、岁暮逐渐成为跟家人、亲戚和朋友等保持联系的机会。

第二节 家庭结构的变化

受晚婚化、不结婚和少子化的影响，日本“核心家庭”和“单身家庭”的比例逐年上升，传统以“大家庭”为单位的赠答行为转变为以小家庭和个人为单位。伴随家庭结构的变化，家庭关系也从“男主外，女主内”转变为夫妻都工作的平等关系，年轻人尤其是女性开始崇尚自我的实现和独立自主的生活方式，以个人为单位的赠答行为日益盛行，甚至形成了自我赠与的发展趋势。

一、家庭类型从单一到多样

“二战”以前，日本的“家”(いえ)不仅代表一个真实的大家庭，而且是一家过去和现在的总和，是一种制度化的存在。“家”制度起源于德川时代以忠孝为本的武士家族制度，它强调一种父母与子女、家长与长子、婆婆与媳妇这种垂直的关系。父权制的家庭实施长子继承制，长子是家族企业财产的继承人，婚后仍与父母同住，形成三代同堂的大家庭。明治维新之后，日本政府在1898颁布了明治民法，俗称旧民法，使“家”制度成为一个必须遵循的准则。

“二战”以后，随着新宪法《日本国宪法》的制定和民法典的修改，日本的

① 日语中的“好缘”一词是指共同爱好。

家庭制度发生了巨大变化。1946 年公布，1947 年施行的新宪法第 24 条明确规定："婚姻的成立以两性的合意为基础，以夫妻平权为根本，应共同努力予以维持"，"关于选择配偶，财产权、继承、选择住所、离婚及关于婚姻和家庭的其他事项，须立足于个人尊严与两性真正平等制定法律。"在新宪法的基础上，日本政府于 1947 年修订了旧民法，并于 1948 年生效。新民法规定，父母共同行使对子女的亲权，继承财产应遵循男女平等的原则，只要当事人同意便能缔结婚姻关系。从法律上看，家长的权威被弱化，而女性的地位有所提高。

随着新家庭制度的实施和工业化的发展，家庭结构发生了巨大的变化。家庭结构主要有两种变化：(1)家庭类型的变化。(2)家庭规模的缩小。家庭类型的变化表现为"核心家庭"和"单身家庭"的增加，三代同堂及其他类型的家庭的减少。所谓核心家庭是指由一对夫妇和未婚子女组成的家庭或只有一对夫妇组成的家庭或夫妇一方与未婚子女组成的家庭。所谓单身家庭是指由于未婚、分居、离婚、死别等原因而一个人生活的家庭。家庭结构的另一个变化是家庭规模的缩小，即小家庭化。由于核心家庭的增加和出生率的下降，家庭规模正在缩小。

二、家庭关系从纵向到横向

在传统的家庭制度中，婚姻的主要目的是继承姓氏、延续家系，因此婚姻的选择主要取决于父母的意愿。婚姻成立的首要条件是"家"的匹配，双方的家庭要门当户对，而婚姻双方的个人条件(如外貌、品德等)则是次要的。通过这种形式建立的婚姻家庭，不是以夫妻关系为中心，而是以繁衍后代为目的。因此，纵向的亲子关系是家庭中的主要关系，夫妻间的横向关系不被重视。在这种制度中，男女的结合不是重新设计自己的生活，而是参与生活秩序的过程。作为妻子，侍奉公婆、照顾丈夫、抚养孩子是她的职责所在。对于她的丈夫来说，最重要的是成为"家"的继承人，而不是父亲和丈夫。夫妻关系并不是基于爱的关系，而只是"家"制度中的角色分工而已。

"二战"以后，"家"制度的解体带来了婚姻观念的改变。现代日本社会的婚姻基于当事人双方的意愿，在爱情的基础上，当事人的意见起着决定性的作用。家族式的婚姻已经转变为以个人为中心的婚姻，"恋爱结婚"所占的比重远远超过了"相亲结婚"。同时，随着女性教育水平和社会地位的提高，女性的自我意识得到发展，改变了传统家庭中的角色分工，很多人不再坚持"夫は外で仕事、妻は家で家事”(丈夫在外工作，妻子在内持家)的传统思想。“小家庭”的观念正在逐渐蔓延，家庭生活已成为人们享受生活、获得幸福的场所。

个人的工作方式以前一直受到终身雇佣制和业绩工资等这些雇佣习惯的影响。典型的例子就是在终身雇佣制下全心全意为公司工作的丈夫和在家里做主妇来支持丈夫工作的妻子。但是这种情况明显在改变，随着终身雇佣制的解体，在现今的公司里过了四十岁就面临被裁员，即使有例外，也很少有年轻人在同一家公司里长时间工作和为了升职而努力。比起出人头地和升职，年轻人更加重视自己的爱好和家庭生活，向往约束性小的工作的人越来越多。在这样的社会背景下，传统的中元、岁暮送礼从以工作关系为中心回归到以家庭关系为中心。

三、“个族”时代的来临

“個族”(个族)一词诞生于1998年，根据《日本語俗語辞典》的记载，“个族”是相对于“家族”而产生的概念，指的是离开家人独自居住或者没有家庭独自居住的人。由于不干涉个人隐私的意识增强，再加上便利店、餐饮店和洗衣店为个人的独自生活提供了便利条件，因此和家人一起生活的必要性出现下降趋势，这是造成“个族”群体不断增加的主要原因。并且，在“个族”中，既有单纯独自居住的人，也有与地域、亲戚等“身内”的社交网络完全隔断、被孤立的人，后一种类型人群的增加有可能导致犯罪和高龄老人的孤独死去的问题。日本正逐步走向“个族化社会”，其中包含了两层意思，一层意思是指独自生活，另一层意思是指精神上的孤立状态。

根据日本厚生劳动省的调查，1980年由夫妇和子女组成的主流家庭比例为42.1%，同年的单身家庭比例仅为19.8%，之后前者比例逐渐减少，后者比例逐渐增加①。到2010年时，二者的比例发生了逆转，有夫妇和子女组成的家庭比例降至27.9%，单身家庭的比例增至32.4%。单身家庭主要由独居的老年人和单身未婚的年轻人所组成。自20世纪80年代后期开始，日本进入老龄化社会，独居老人开始受到关注。根据日本总务省2015年人口普查的统计结果，65岁以上的人口占总人口的比例(即老龄化率)已达到自1920年调查

① 国立社会保障・人口問題研究所《日本世帯数の将来推計(全国推計)2013年1月》。

以来的最高水平，为26.7%，这意味着每四个人中就有一个是老年人。日本单身家庭的比例为32.5%，为历史最高。不仅年轻人的单身数量在不断增加，老年人的单身人数也有所上升。在65岁以上的人口中，八分之一的男性和五分之一的女性过着单身的生活。

20世纪90年代以来，单身的年轻人开始迅速增加，尤其是进入21世纪以后，奉行单身主义的年轻人已经成为一个不可忽视的社会群体，他们被称为“ひとり暮らし個族”(单身个族)。“晚婚化”和“未婚化”是单身年轻人增加的主要原因，而晚结婚和不结婚的理由有：(1)不想失去自由；(2)经济不宽裕；(3)不认为结婚是必要的；(4)没有和异性相识的机会；(5)没有找到符合要求的异性等。目前，日本年轻人的单身比例已经高居发达国家前列。根据内阁府2015年少子化对策白书的统计，日本30岁至34岁男性的未婚率达46.5%，35岁至39岁男性的未婚率达34.5%；30岁至34岁未婚女性比例为33.7%，35岁至39岁未婚女性比例为23.3%①。而终身未婚率②也明显攀升，根据日本厚生劳动省的调查，2015年男性和女性的终身未婚率分别为23%和14%，为历史最高，这就意味着每4位男性就有1位、每7位女性就有1位表示希望一辈子维持单身③。国立社会保障与人口问题研究所预测，到2020年，日本的单身家庭比例将达到34.4%④。

日本从前是以夫妇和子女组成的家庭为标准家庭，但过去几十年来，日本社会已经渐渐失去标准家庭的束缚，家庭形式呈现出多样化趋势。在消费方面，家庭作为消费单位的地位在减弱，取而代之的是单身经济日益走向活跃。晚结婚和不结婚导致少子化程度加深，国内消费自然出现萎缩。但是结婚率的下降和单身家庭的增加，反倒促成了“单身经济”的持续增长。近年来，越来越多的商家致力于开发适合单身人群的产品和服务，比如单身公寓、小型厨房用品、便利店，和专业公司合作提供家政服务等。日本经济专家指出，单身人群没有养育子女的经济负担，能够自由支配大部分的收入，“以休闲旅游和入住豪华酒店的方式来犒劳自己”的消费形式也日趋明显。随着“个族”时代的到

① 内閣府2015年版《少子化社会対策白書(旧「子ども・子育て白書》)。

② 终身未婚率(生涯未婚率)是指到50岁还没有结过婚的人数比例。

③ 国立社会保障・人口問題研究所《人口統計資料集2017》。

④ 国立社会保障・人口問題研究所《日本世帯数の将来推計(全国推計)2013年1月》。

来，以犒劳自己为目的“自我赠与”日益成为礼物市场的新潮流。

第三节　交往方式的改变

非网络时代的人际交往主要通过面对面的交谈，书信、电报、电话等方式得以实现，礼物的赠答过程需要送礼人和受礼人在同一个时间、空间的场域内才能完成，因此礼物交换是送礼人和受礼人之间的直接交换。在网络空间里，互联网成为社会互动的虚拟空间场域，网络超越了地域的界限，使世界各地的人通过互联网连接起来。形形色色的网站如同容量庞大的信息商店和信息市场，人们在网上互动，在网上购物，在网上送礼都只需要通过点击鼠标即可完成，电脑和智能手机为人际交往提供了更多的方便。另一方面，网络交往空间的主体大多是分散的个人，交往的自由度和匿名性大大增加，从某种意义上来说，现实社会中的物质交换关系被纯粹的情感交流所代替。

一、网络时代的交往方式

人类社会经历了三次科技革命。第一次工业革命是以 18 世纪 60 年代蒸汽机的广泛应用为标志，第二次工业革命是以 19 世纪 70 年代电力的广泛应用为标志，第三次科技革命是以 20 世纪四五十年代电子计算机的广泛应用为标志。网络时代的到来，是以信息技术为核心的第三次科技革命发展的结果。互联网改变了人们相互交流的方式，社交网络已经形成一个新的社会群体，“电缘”成为继血缘、地缘、社缘关系之后又一新的人际关系。20 世纪 90 年代互联网在日本的兴起，使人际交往超越了传统的空间界限，个人可以很容易地通过网络与他人获得联系并进行互动。社交网站的迅速普及，在新的层面上拓展了人们社会互动的空间。

日本目前具有代表性的社交网站包括 LINE、Facebook、Twitter 等，根据 DNP2015 年《关于日常生活和赠礼情况的调查》结果显示(如图 1 所示)，社交网站的用户以 16 至 35 岁的年轻人(若年)为主，其次是 36 岁至 55 岁的中年人(中年)使用率较高。在年轻人中，有近一半的 LINE 用户认为社交网站是“不可或缺(黑色)”的需要，他们把社交网站看作与家人、朋友互动交流的必要手段。经常使用社交网站的年轻人和中年人在购买商品或者礼物时具有两个明显的特点，一是“不限地点能买就买”，二是“利用生活的间隙时间购买”，即在互联网上，无论什么时间什么地点只要想买都能通过手机买到需要的商品或礼物。经常使用社交网站的用户对商品和服务的灵敏度更高，在选择商品和服务时具有独到的个人观点，他们在社交网站中传播的感想和评价具有越来越大的影响力。

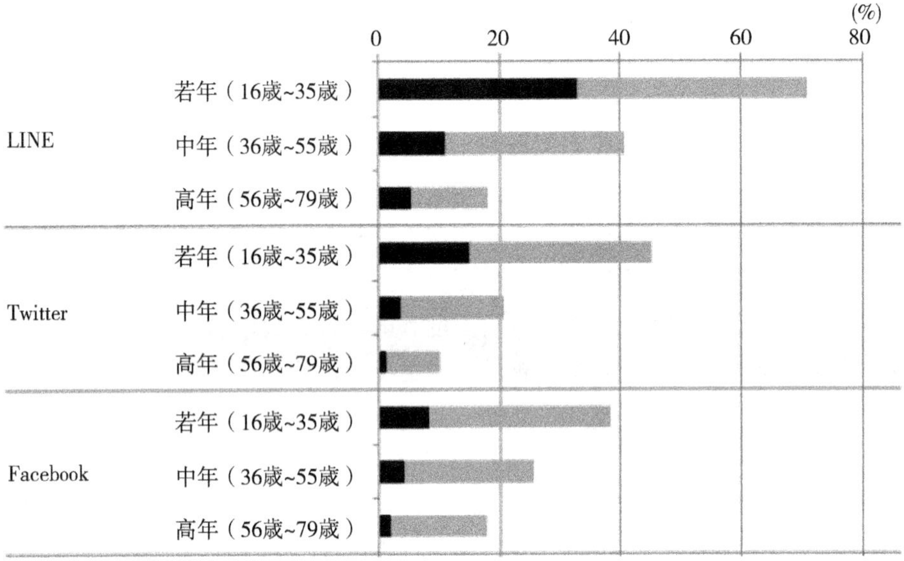

注：黑色表示“不可或缺”，灰色表示“正在使用”

图 1① 社交网站的利用率

MMD(Mobile Marketing Data)研究所在 2014 年发布了一份关于社交网站使用目的的调查报告，该数据表明(如图 2 所示)日本三大社交网站(LINE、Twitter、Facebook)的用户的利用目的各有侧重：LINE 主要用于“联系朋友”，Twitter 主要用于“收集信息”，而 Facebook 则主要用于“汇报近况”。从使用目的的具体分布来看，三大社交网站作为联络手段来维系与朋友、家人和工作关系的比例都比较高。以利用率最高的 LINE 为例，有 70.3%的人用于联系朋友，有 41.1%的人用于联系家人，还有 15.9%的人用于联系工作。社交网站的兴起从根本上改变了人们的交往方式，面对面的直接交往逐渐被以互联网为媒介的间接交往所取代。

① 资料来源：DNP《日常生活とギフトの実施状況に関する調査》(2015 年 11 月)。

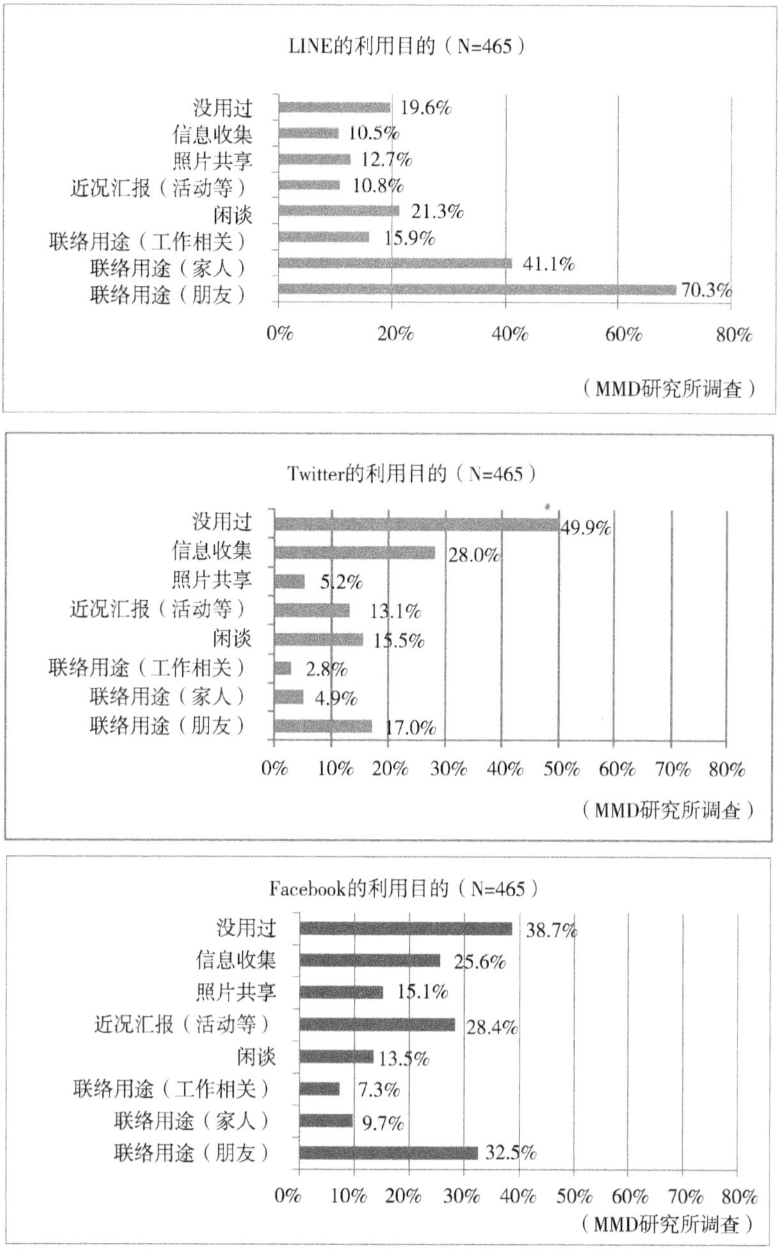

图 2① 社交网站的利用目的

① 资料来源：MMD 研究所《2014 年上半期スマートフォンアプリ/コンテンツに関する調査》。

根据株式会社 ICT 综合研究所(日本知名市场调查机构)发布的《2015 年度社交网络利用动向》的调查数据(如图 3 所示)，日本国内社交网络用户逐年递增，2016 年底用户数量将达到 6872 万人，在全体网民中所占比例为 69%。调查还显示(如图 4 所示)，LINE 的用户利用率最高，达到 72. 1%，其次是 Twitter,

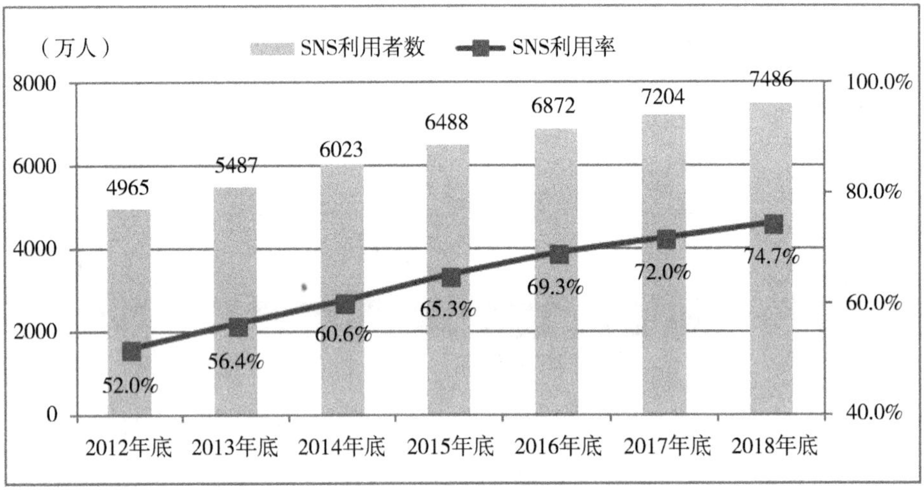

图 3① 社交网站的用户数量

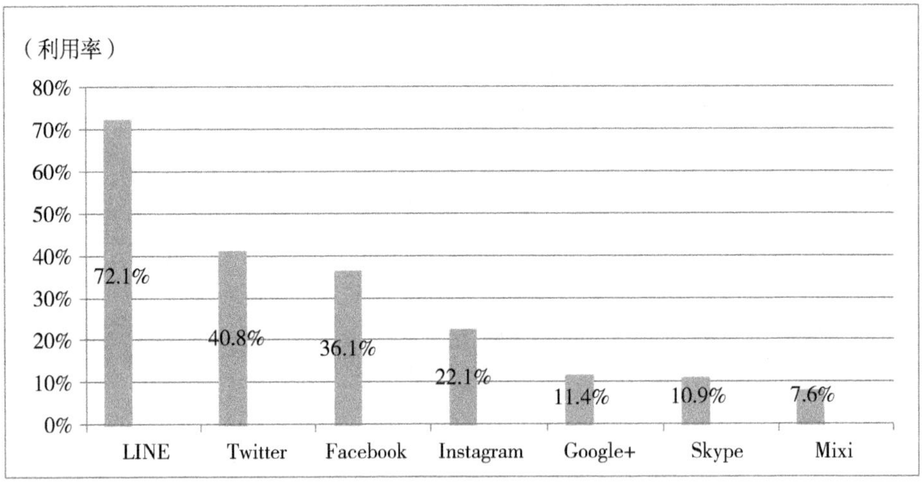

图 4② 不同社交网站的利用率

① 资料来源：ICT 総研《2015 年度 SNS 利用動向に関する調査》。
② 资料来源：ICT 総研《2015 年度 SNS 利用動向に関する調査》。

占40.8%，第3位的是Facebook，占36.1%。社交网络用户不断增加的主要原因是通过互联网的免费服务就能与他人进行分享交流，使用起来非常便利。通过社交网络，不仅能与现实生活中的朋友进行互动，而且也能在虚拟空间结识没有现实交往的陌生人朋友。在使用率最高的三大社交网站中，拥有100个以上朋友的用户比例最多的是Twitter，达到41%，其次是LINE和Facebook，分别为29%和28%(如图5所示)。

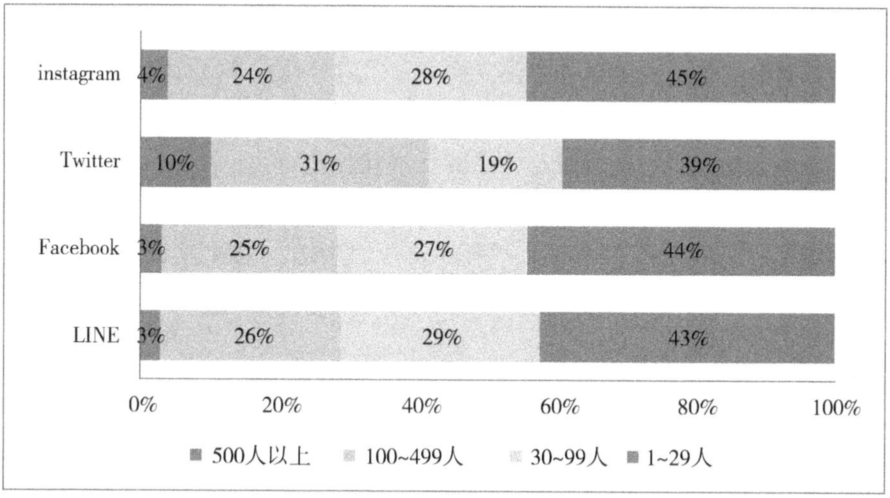

图5① 不同社交网站的交友人数

二、社交礼物兴起的原因

随着社交网站用户的增加，在日本被称为社交礼物的领域出现了急剧增长。这里的“社交礼物”专指通过电子邮件或社交网站向他人所赠送的礼物形式。礼物的类型既包括咖啡券、甜甜圈等食品，也含有鲜花、便利店的购物券等。礼品的价值一般在500日元至600日元左右，至多也不过1000日元。社交礼物的便利之处在于即使不知道对方的住址也能轻松地赠送礼物，而且还能和朋友一起送礼来降低人均分摊的费用。日本提供社交礼物服务的网站数量众多，大型便利店和食品、鲜花等连锁企业都开始支持这项服务，可选择的商品服务种类也在不断增加。

① 资料来源：ICT総研《2015年度SNS利用動向に関する調査》。

“星巴克咖啡”的日本公司在2014年1月15日启动了通过互联网向朋友发送代金券的服务。这项被称为“Starbucks eGift”的服务除了电子邮件，还可以通过社交网站“LINE”“Facebook”等向对方发送代金券的短信链接。该代金券在日本所有的“星巴克咖啡”店铺都能使用，购买饮品时一张券抵用500日元。代金券有多种设计图案可供选择，还能自己输入问候语。赠礼人可利用信用卡等方式完成支付，而受礼人只要在柜台出示代金券的条形码，就能在券面金额的限度内点自己喜欢的饮品。日本麒麟啤酒也推出了向社交网站上的朋友赠送啤酒的服务，用户可以在专门的网站“BEER to friends”上选择赠送对象。利用信用卡结算后，赠送对象就能收到兑换券，然后只要在7-11便利店出示相应的兑换券，就能拿到啤酒。此外，与几个朋友一起送礼，以减轻每个人负担的社交礼物也开始出现。经营鲜花礼品的日本花丘比特(HANA-Cupid)公司运营的网站“bouquet”就推出了这样的服务。送礼的发起人可以在该网站选择想要送出的鲜花，然后通过Facebook呼吁朋友一起赠送，只要有8个人响应，并与发起人选择相同的花束，订单就会成立。该公司表示，“有越多的朋友响应，就可以送出越大的花束”①。

根据日本矢野经济研究所的统计，此前呈现萎缩趋势的日本礼品市场在2011年度和2012年度均实现了同比增长：2011年度比前一年增加了2.1%，2012年度比前一年增加了2.6%②。这是因为，虽然中元和岁暮等传统节日的送礼需求疲软，但是朋友之间相互轻松送礼的习惯却出现了扩大，说明以年轻人为中心，希望与朋友保持良好关系的想法在加强。特别是2011年3月发生的东日本大地震使很多日本人认识到加强相互联系的重要性。在网络时代下，社交礼物之所以具有市场潜力，一方面是因为社交礼物价格低廉，既不会给赠礼人带来经济负担，也不会给受礼人带去回礼压力；另一方面是因为赠送社交礼物省去了探听个人住址的麻烦，很适合在希望表达感谢，而又不宜过于隆重时使用。

社交礼物的出现彻底改变了赠礼的方式和收礼的方式(如图6所示)，首先，赠礼人不需要知道对方的住址，只要通过社交网站(LINE、Facebook等)就能把礼物送给对方，然后由受礼人输入地址请商家配送，受礼人还可以直接到实体店出示礼物的画面来兑换商品或服务。由此可见，赠礼的方式和收礼的方式均具有更多的选择权和灵活性，既实现了社交网站的交往功能，又保护了

① 资料来源：《日经中文网》关于“日本兴起网上送礼”的报道(2014年2月20日)。

② 资料来源：矢野経済研究所《ギフト市場に関する調査結果》(2012年)。

网络时代的个人隐私。信息化的快速发展增加了个人权益受到侵害的风险，日本在2003年颁布了《个人信息保护法》，并于2005年正式实施。社交礼物很好地适应了保护个人信息的需求，因此具有广阔的发展前景。网络空间的人际交往借助电脑、智能手机和互联网来完成，人际交往的匿名性大大增强，消除了面对面交往的种种禁忌和顾虑，使“自我”有了充分的表达自由，可以根据自己的真实情感来决定是否需要赠送礼物。

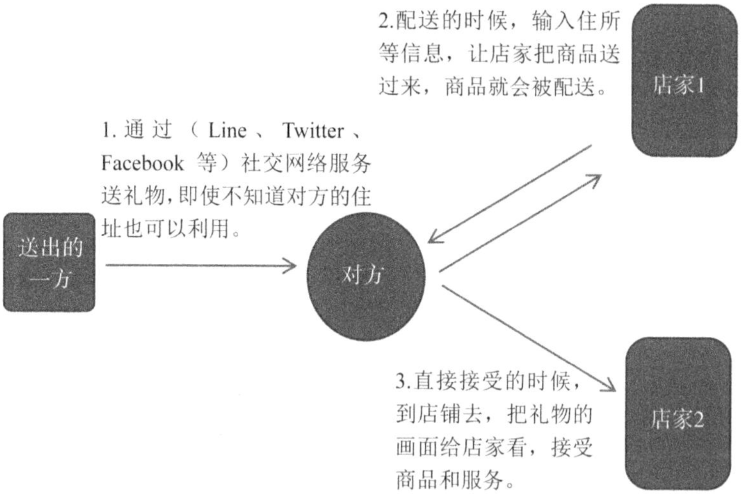

图6① 社交礼物的赠送流程

三、虚拟化的电子贺年卡

“贺年卡”起源于古代日本人新年问候的习俗，明治维新以后随着邮政制度的确立和明信片的发行，人们开始寄送简单又廉价的明信片作为贺卡来传递新年的问候。1887年寄送明信片成为国民的一项惯例活动，1949年官方正式开始发行有奖明信片。随着互联网和智能手机的普及，“电子贺卡”开始受到人们的青睐，它是人们根据自己的需要，使用图像、文字等来制作的一种虚拟礼物，既没有实物，也不需要花钱，最大的特点是具有个性化。

2010年，由苹果应用、谷歌市场开发的贺年卡编辑程序开始应用于智能

① 资料来源：総務省《ICTの進化がもたらす社会へのインパクトに関する調査研究》(2014年)。

手机。人们利用专门的应用程序，将手机中的照片和贺卡模板进行合成，再加上邮戳和文字，就能轻松制作充满个性化的新年贺卡。2015 年，日本邮局推出了一款贺卡 APP“明信片 Design 2015”，这款 APP 可以让手机用户通过手机进行贺卡设计，完成后可以选择打印成卡片寄出或者保存图片，再通过电子邮箱或者其他社交应用发送给朋友。由于电子邮箱具有即发即收的特点，而且突破了国界的限制，所以越来越多的人选择新的拜年方式——“年賀メール”(贺年邮件)。

电子贺卡的出现彻底改变了传统礼物的实物形式，它并没有使用价值，而是通过文字和图片的符号来传递信息的一种方式。由于电子贺卡是发送者自己亲手设计的，凝结了发送者的劳动和情感，所以它也是一种人格化的礼物形式，甚至比一般购买来的实物礼物更加弥足珍贵，更加让人感动。我们学校日语系的前外教 G 老师在回国以后，每到新年的时候都会给系里的老师们群发一张他自己设计的电子贺卡，在送上诚挚的新年祝福的同时，也通过照片和语言的形式将他自己一年来的最重要的经历和收获传递给我们。电子贺卡既方便快捷，又绿色环保，而且还能降低年底邮局派送纸质贺卡的人力成本，它是符合现代社会发展的一种礼物趋势，具有联络感情的功能，反映了一种超越物质的精神需求。

第四节　价值观念的转变

礼物馈赠习惯的改变和价值观念的变化也有着直接的关系。首先，就业观和家庭观的转变使得礼物的赠礼对象发生了转变：比起工作关系现在的年轻人更看重家庭关系和朋友关系；其次，战后经济高速增长使日本很快进入了富裕社会，泡沫经济的破灭使人们开始反省自己内心真正的需求，从追求物质的狂热中冷静下来的日本人开始追求精神上的满足和生活的幸福感；再次，随着环保理念深入人心，无论是礼品的包装还是红白喜事的操办，现在的日本人都开始追求简单化和个性化的生活方式。

一、就业观念和家庭观念的转变

日本的工薪阶层曾被称作“企業戦士”①和“猛烈社員”②，特别是“二战”

① 所谓“企業戦士”是指为企业拼命工作的员工。

② “猛烈社員”和“企業戦士”同义。

以后(1947—1949)出生的一代人(即“団塊の世代”)，大多初中毕业后涌入城市就职，他们的集体观念不亚于军队，对上司绝对服从，对企业无比忠诚。在经济高速发展的年代，终身雇用、年功序列、加班加点都是公认的社会准则。员工一旦就职，一家人的生活便有了长久的保障，因此员工对企业具有强烈的归属意识，比起个人和家庭，他们更看重的是工作。“丈夫在外工作，妻子在内持家”是战后日本人普遍认可的价值观念，工作场所在日本人的社会价值取向中占据了最重要的位置。

自从泡沫经济破灭以后，企业为了降低劳务成本不得不大量裁员，被解雇的员工丧失了对企业的忠诚心。终身雇佣神话的破灭把日本拖入了竞争社会，进而改变了人们的就业观和家庭观。有能力有理想的年轻人凭借个人实力在职场中生存打拼，努力争取晋升加薪的机会；也有一部分年轻人干脆放弃社会竞争，比起金钱更看重自由时间和个人爱好，没有高收入就减少消费。不仅是非正式社员，就连正式社员的就业观也发生了变化，过去的上班族一心为了企业而拼命工作，但现在的年轻人不再把工作看作生活的唯一目标，他们希望提高工作效率，增加享受生活和提升自我的时间。而且随着女性进入职场，双职工家庭增多，男性也不得不参与到家庭生活中，分担一些育儿和家务劳动。现在的男性认为工作固然重要，但如果仅仅只有工作的话，人生是很无趣的，只有保持工作和家庭的协调，才能获得真正的幸福感。

“悟り世代”(开悟世代)是描绘现代日本年轻人特质的一个新词，他们实实在在，对工作和生活没有过多的欲望。“开悟”的意思是认清现实，这一代年轻人出生于20世纪80年代中期以后，在他们懂事的时候亲历了日本泡沫经济的破灭，对经济不景气感受很深。另一方面，随着信息技术的快速发展，他们通过接触大量的网络信息看透了未来的现实，避免徒劳的努力和冲突，没有过度期待的梦想，奉行节俭、实际的行为方式。从具体表现来看，现代年轻人具有以下特征：(1)对私家车和奢侈品没兴趣。(2)没有欲望，容易满足。(3)对恋爱没兴趣。(4)对出国旅行没兴趣，休息日喜欢宅在家里。(5)生活上节俭不浪费，却舍得把钱花在自己的兴趣上。(6)在交友方面只和兴趣相投的人交朋友。由此可见，比起过去对物质欲望的追求，现代年轻人更看重个人精神层面的满足感。

二、物质观念的转变

“从废墟中崛起”是日本“二战”失败后的口号，经过近10年的努力，在20世纪50年代中期日本的经济恢复到战前水平。1955至1973年间，日本经济进入了快速增长时期，年均增长率为10%左右，人民生活水平有了很大提高，成为仅次于美国的第二大经济强国。战后经济快速增长的时代可以说是“物质的时代”，20世纪60年代前半期，被称为“三种神器”的电视机、电动洗衣机、电冰箱急速普及，而且，从20世纪60年代后半期开始，被称为“3C”“新三种神器”的空调(Cooler)、彩电(Color TV)、私家车(Car)也接连得到普及。不仅是耐用消费品，用尼龙、塑料制作的商品，超市等流通、销售网点，衣食住的西化等生活方式，也同样得到普及。这些新商品及其制造手段、流通网点、生活方式本身即是文化人类学和民俗学所说的物质文化。

在泡沫经济时期，日本国民都以购买“新三种神器”为目标，在那个年代，私家车是少数人拥有的奢侈品，所以大家都希望拥有一辆属于自己的汽车。而买了车之后，下一个目标就是购置房产。社会物质不断丰富，但国外在日本人的脑海里仅是一种印象。自战败到60年代中期的20年间，在各种制度的限制下，对普通的日本民众而言，去海外旅行是一种“无法实现的憧憬”。当时，海外旅行和出国留学是每个年轻人的梦想，每个人都为此拼命努力。在泡沫刚刚破灭的时候，日本人的精神是迷茫的。大家一下子失去目标，以前是追求汽车、房子、名牌，现在不知道追求什么好了。在泡沫破灭后的“失去的十年”中，日本人的价值观一直在彷徨。只是在最近20年，日本才渐渐找到方向，但它不是一个社会的方向，而是每个人的方向，现代社会越来越走向个性化和多元化。泡沫经济破灭后，日本人的生活态度发生了改变，不再盲目追求那种浮躁、攀比的生活方式，而是更关注自己的实际需求，追求更具幸福感的生活。

当对物质和金钱的狂热被泼了一盆冷水，经过反思以后，日本人发现物质的、浮华的追求都是虚无的。与当年的物质欲望相比，现在的日本人更加追求精神上的满足感，追求有个性的生活。尽管眼下正处于经济不景气的阶段，日本仍然是亚洲唯一的发达国家，世界第三大经济实体，国民生活富裕，基础设施完善，科技水平一流。联合国开发计划署(UNDP)在2013年3月14日发布的2013版《人类发展报告》中，日本位居以平均寿命和个人收入等因素为基础的富裕程度排名的第10位(与上一年持平)，而中国(香港除外)则处于101位。在物质富足的社会环境中，商品的符号性价值比物质性价值显得更为重要，在礼物赠答活动中，礼物的实际价值变得越来越不那么重要。在被物质所包围的生活现状中，仅凭物质本身已经无法实现人的满足感。比起物质本身，日本人更加重视通过物质所获得的满足感，以及礼物交换行为中所附加的情感价值。他们更加强调的是赠送礼物的心意和向对方传递的信息，物质本身只是一种媒介物，礼物也只是传递心意的中介而已。

三、消费观念的变化

日本的居民消费在战后经历了从大众到个性，从奢侈到简约的发展过程(如图7所示)。从战后复兴到1973年石油危机前，日本完成了工业化、城市化建设，被企业长期雇佣、拥有稳定收入的工薪阶层迅速形成“中产阶级”。“一亿总中流”是20世纪70年代在日本出现的一种国民意识，即有1亿日本人认为自己属于中产阶级。收入的普遍提高激发了中产阶级的消费热情，他们的消费行为相似、消费产品标准化，以家庭为单位的大众消费全面崛起。1973年的石油危机使日本告别经济的高速发展，家庭规模的缩小和女性角色的改变促进了个人消费的增长，居民消费逐渐走向多样化、个性化。2005年日本人口首次出现负增长，人口负增长和经济低迷激发了日本民众的社会意识和责任感，居民消费“返璞归真”，开始走向简约、环保。

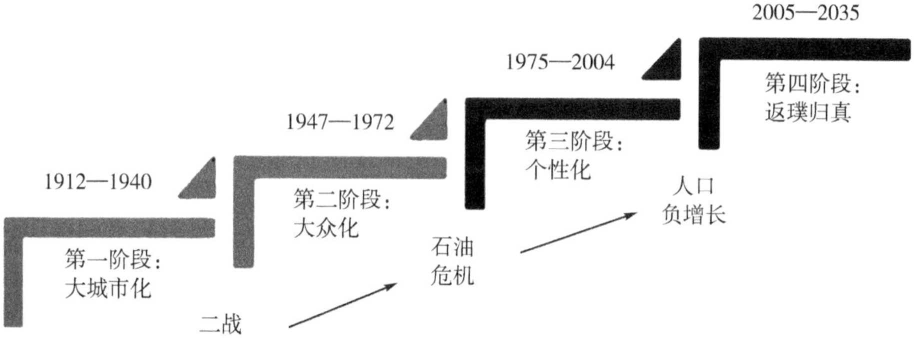

图7①　日本消费的百年变迁

以婚礼为例，战后日本人的婚礼经历了从豪华婚礼到个性婚礼再到简单婚礼的演变过程②。战后初期的结婚仪式举办得最多的是在自己家里举行的“人前典礼”，这种婚礼参加人数一般为30人左右，丝毫没有那种带有表演性质的内容。随着战后新生活运动的普及，日本新建了专门举办婚礼仪式的场所(如“生活馆典礼”)，费用非常便宜。从20世纪60年代中期开始，在生活馆

① 该图引自牛播坤，周笑雯：《从大众到个性：日本消费的百年变迁——新消费系列报告二》，载于《华尔街见闻》，2015年。

② 参考鹈饲正树等编. 战后日本大众文化[M]. 社会科学文献出版社，2010：84-93.

举行婚礼的人逐渐减少，取而代之的是专业婚礼场馆，并且出席婚宴的人员从以亲戚为中心发展到公司的上司及其他同事、朋友和熟人。1970 年前后是战后出生的那代人开始结婚的时期，结婚的人数最多。经济上的富裕和社会体面意识使人们希望尽量把婚礼办得豪华，婚宴从“庆祝与被庆祝”变为表演性质的仪式。到了 20 世纪 90 年代，在专业婚礼场馆举行婚礼的人逐渐减少，这是因为人们不想举办作秀一样的婚礼，于是避开豪华婚宴代名词的婚礼场馆。

从 20 世纪 90 年代中期开始，个性婚礼开始流行，所谓个性婚礼是指婚礼仪式和婚宴上以某种形式来表现出“真正体现两个人的东西”“两个人的个性”的婚礼。它表现为不在专业的婚礼场馆而是在自己中意的场所举行，尝试稍微改变定型化的进行方式，或者表现为在什么地方添加一些“两个人亲自设计的内容”。个性婚礼能够流行起来，与日本泡沫经济破灭和演艺界流行的简单婚礼有一定的关系。在经济低迷的形势之下，日本人的“节约取向不断增强”，放弃传统结婚仪式的简单婚礼正在悄然走俏。简单婚礼是指在亲人朋友的祝福下举办的俭朴、不奢侈的婚礼。日本的演艺界流行简单婚礼是受天皇长女纪宫公主在 2005 年举行简单婚礼的影响，日本人越来越倾向于“登记结婚”①，或在亲朋好友的祝福下举行简单的婚礼仪式。

第五节　商业主义的推动

在日本的赠答文化发展的过程中，商业主义的力量发挥了积极的推动作用，无论是江户时代的商人将一年两度的祭祖活动发展为一年两度的送礼活动，还是近代以后企业和百货商店②不断致力于引进西方的节日文化以刺激礼品销售，都可以看出商业力量的重要影响力。20 世纪 90 年代泡沫经济破灭之前，每逢星期天休息，全家人一起穿着漂亮的盛装去逛百货商店是最时髦的休闲娱乐方式，百货商店成为大众消费社会的象征。泡沫经济破灭以后，经济的持续低迷导致消费欲望缩小，百货商店的经营业绩也陷入了不景气，特别是网上购物的流行对百货商店的经营更是雪上加霜。为了能够在市场竞争中取得一席之地，无论是百货商店还是电商企业，都在积极研究礼物市场变化的趋势，不断创造新的价值和消费机会。

---

① 所谓“登记结婚”是指只做登记而没有结婚仪式。

② 世界上最早的百货商店诞生于 1852 年，日本的百货商店起步于 1904 年 12 月 20 日三越公司发表“デパートメントストア宣言”(百货商店宣言)。

一、礼品和商品的区别与联系

由于礼物的形式既包括有形的物品，也包括无形的情感、地位等，在有形的物品中又分为亲手做的物品和购买的物品两大类。在本节中，笔者用“礼品”来区别无形的礼物，并且这里所说的礼品是指购买的物品。莫斯从“人格化的礼物交换”和“非人格化的商品交换”出发，确立了礼物与商品的对立关系。商品的基本属性是使用价值和价值，使用价值是指商品能够满足人的某种需要，价值是指凝结在商品中的无差别的人类劳动。在笔者看来，礼品是一种特殊的商品，它不仅具有一定的使用功能，而且还能实现文化和情感价值。同样是一件衣服，买给自己穿时它反映的是衣服的使用功能，买来送给父母时不仅要满足使用功能，而且还包含了子女对父母的关怀和孝心。

消费者在购买一种普通商品时将重点放在以下几个要素：价格、质量和品牌。三个要素的关注程度之和将影响消费者是否购买本产品。但对于送礼来说，消费者不仅关注产品的价格、质量和品牌，还会注意礼品的几个特殊属性：(1)文化性。作为信息的载体，礼品必须具有深刻的内在含义或某种特殊意义。(2)稀缺性。礼品有一定的稀缺性，过于常见的大众商品很难成为有价值的礼物。(3)新奇性。新奇的礼物更容易被受礼人接受，同时给受礼人更深的印象。(4)包装。礼品更注重产品包装，商品一般要经过包装才能成为礼品①。

总而言之，礼品和商品的主要差别体现在两个方面，一是礼品是包含了人格化的情感的物品，而商品并不含有人格化的情感；二是礼品和商品的选购标准有所不同，礼品更注重它的符号价值，而商品更注重它的使用价值。尽管礼品和商品有着明显的区别，但是礼品作为一种特殊的商品，与商品有着紧密的联系。商品经由购买、包装和赠与等一系列过程便成为礼品，所以与日常生活息息相关的礼品市场对于商家而言潜藏着巨大的商机。

二、礼品市场的商机

由于礼品也是消费者购买的产品，商家抓住日本人的赠答心理不断创造出新的赠与机会来刺激人们在礼品市场的消费热情。以情人节为例，西方的情人节传入日本后，在商家的推动下逐步形成了非常具有日本特色的风俗。2月14日这一天对日本巧克力厂商而言是一个举足轻重的日子，因为这一天巧克力的

---

① 参考中国轻工业网：《商品和礼品的区别》。

销售量要占到全年的20%左右。在日本，大多数人都会选择送巧克力，而且通常为女性送给男性。虽然欧美也有给恋人送巧克力的习惯，但并不局限于巧克力，也不局限于女性送给男性或者男性送给女性。

关于日本女性送给男性巧克力的起源，有一种说法是1958年新宿伊势丹百货商场举办情人节活动，提议女性送给男性巧克力，从此便普及开来。笔者认为，这是由于战前日本的“家”制度不能容忍自由恋爱结婚，但从20世纪六七十年代开始，自由恋爱结婚的情况越来越普遍，女孩子希望通过自己的努力寻找终身幸福的愿望愈加强烈。商家不失时机，引导她们通过给心上人送巧克力的方式进行表白。这种做法果然奏效，立即得到无数女孩子们的响应。商家看准了时代的潮流，对日本情人节的形成起到了重要的推动作用。不仅如此，商家还将3月14日创造性地定为情人节的回礼日——“白色情人节”，目的在于通过增加赠礼的节日来刺激礼物市场的消费。

“自我赠与”的馈赠形式也是在商家的推动下逐渐流行起来的。随着家庭结构的变化和单身家庭的增多，日本社会开始重新定义“家庭”的概念，面向单身人群开发的新产品和新服务层出不穷。在礼物市场中，为了能够争取更多的单身消费者，商家纷纷打出了“犒赏自己”这样的口号来引导消费者犒赏自己。从消费者的内心需求来说，购买礼物送给自己既避免了挑选礼物送给他人的麻烦，又能够犒劳自己为生活辛苦打拼，并激励自己今后更加努力地工作。而商家则抓住了市场需求的这一变化，努力刺激单身人群的消费，促进了“单身经济”的迅速增长。

三、完善的礼品服务体系

在商业利益的驱动下，商家努力制造各种契机来促使消费者购买礼物，并提供完善的服务帮助消费者选购、包装、赠送和接收礼物。尤其是目录礼物和社交礼物的出现，反映了礼品市场的专业化和精细化服务。由专业人士定制的目录礼品大大减轻了消费者挑选礼物需要花费的时间和精力，由经营礼品销售的电商企业和加盟连锁企业合作经营的社交礼物不仅使赠送礼物的过程变得简单，而且为受礼人提供了决定收礼方式的选择权。

为了让消费者送出的礼物显得更有诚意，日本企业想出了新招——个性化定制包装。如今，在化妆品、蛋糕或啤酒的包装上印上照片或祝福的话正变得流行。早在2013年3月，江崎格力高公司就向购买Bisco奶油夹心饼干的顾客推出了定制包装服务，消费者通过公司网站发送头像照片，公司就会把头像印在饼干的包装上，下面还会附上这个人的姓名，并允许添加一句祝福语。据格力高公司统计，当年这款定制礼盒装饼干售出了200多万份。札幌啤酒公司也有类似的服务，顾客可以在啤酒瓶上印上肖像，根据不同的需求，有大约120种选择。

2016年7月，日本资生堂公司推出了定制包装的服务，即为顾客提供可印制个人肖像的包装盒。登录该公司的网站，顾客可以使用绘图软件，把发型、眼睛、嘴唇等组合在一起，创作一幅肖像画，购买相应产品的人在收货时会得到一张印有肖像画的卡片，送礼时可将卡片粘在资生堂公司提供的礼盒上。即使顾客不想购买产品，也可以免费下载肖像画。日本共同社援引资生堂工作人员的话称："只要再多做一点，一份特别的礼物就诞生了。"这项服务的截止时间是2016年年底，统计显示，该服务开通仅10天，资生堂网站的浏览量就突破了1040万次①。

当传统礼品已经无法满足市场需求的时候，企业必须要开发出更多的新产品，加强同行业以及相关行业的信息交流，把握市场变化趋势，尽快适应市场。个性化礼品的最大特点是专属定制，能最大限度地彰显个性，不盲目追随大众化，在这个重视个性的时代，个性礼品的市场前景会更加美好。个性化礼品的消费水平和收入水平是成正比的，随着物质生活的丰富，人们越来越倾向于选择个性化礼品。由于个性化礼品的稀缺性和唯一性，导致其自身的价格优势，从而给企业带来更大的利润空间。在企业力量的推动下，日本的礼品市场日益多样化和个性化，用专业化的服务满足了不同人群的消费需求，不断刺激着顾客的消费欲望。

① 参考新华社：《想让礼物更有诚意？日本个性化定制包装正在流行》。

第六章　网络时代礼物赠答的社会功能

礼物赠答作为日本传统文化的组成部分，对于现代社会的发展仍具有十分重要的意义。现代化发源于西方国家，日本作为后发型现代化国家，在处理传统与现代化的关系上可谓是最为成功的代表。从赠答文化的历史变迁来看，日本不仅致力于继承本国的传统礼仪，而且根据社会环境和社会关系的变化对已有的馈赠习惯加以改造创新。中国自古重视礼尚往来，但如今的送礼却失去了“礼”所包含的意义，成为一种利益的交换。我们无法调和“礼尚往来”“礼仪之邦”的传统观点与“送礼就是不良风气、腐败”的现代观点的双重标准①。因此，正确认识礼物交换对现代社会的发展与稳定的积极作用对于我国处理传统和现代化的关系亦具有一定的借鉴意义。

第一节　促进日常的人际交往

日本是一个赠礼活动特别频繁的国家，礼物作为调整人际关系的手段发挥着重要的作用。日本人用“内”和“外”来区别人际关系，其标志之一便是该不该客气。不须讲什么客套的自然是自家人，属于“内”；“义理”关系之间需要礼节那便属于“外”。但这也并不绝对化，有时把“义理”关系的亲朋好友看成“内”，而以礼相待，或不需讲客套的人可以统统看作“外”。日语的“内”一般说的是家庭内部，或是同伙，或是个人所属的某个集团②。土居健郎将日本人的人际关系分为由内而外的三个同心圆，最里层是以人情为原则的“身内”，中间层是以义理为原则的“仲间”，最外层是既不讲人情也不讲义理的“他人”。在本节中，“身内关系”即是“内”“仲间关系”即是“外”，礼物赠答的意义在于既能维持和谐的“仲间关系”，又能加强“身内关系”的情感交流。

---

①　参见赵星植：《礼物作为交流符号的诸种类型》，载于《江苏社会科学》，2013 年第 6 期，第 164 页。

②　［日］土居健郎. 日本人的心理结构［M］. 阎小妹，译. 商务印书馆，2006：24-26.

一、维持和谐的“仲间”关系

以马林诺夫斯基和莫斯为代表的人类学家都发现礼物是一种人通过物的交换构建社会关系的形式。马林诺夫斯基认为，“一次交换并不会终结库拉关系，库拉规则是‘一旦在库拉中，就永远在库拉中’，两个男人之间的伙伴关系也是一种永久而终身的事情”。“围绕着库拉圈，有一个关系网，整个关系网自然形成一个交织在一起的织造物的形状。”①莫斯也指出，“归根结底，所有这些礼物都不是无缘无故的，不是真正无关利益的。大多数情况下，这些都是回献，其着眼点不仅在于偿付服务和物品，还在于维持一种有利可图的而且无法拒绝的联盟”②。莫斯将礼物交换提升到社会交往的高度，认为礼物交换具有建立社会关系、维护社会秩序、促进社会团结的功能。

在社会生活中，人们通过赠礼不仅可以增进彼此之间的交流，而且能够确认彼此的身份和交往的程度。礼物作为人际交往的媒介，使双方总是意识到对方的存在，以及这种关系对自己的意义。日本自古以来就重视和谐，圣德太子制定的十七条宪法第一条明确写着“和をもって貴しと為し”(以和为贵)。要想以和为贵，最重要的是与他人建立良好的人际关系。而送礼是建立良好人际关系的润滑剂，所以日本人每到一个陌生的地方，在初次见面时往往会给今后要打交道的人送上礼物。例如，当搬到一个新的地方，日本人会给邻居送去“引っ越しそば”(荞麦面)作为问候礼。笔者去日本北九州市做调查时，联系人D老师让我把酒送给L总(经理)和Y老师作为见面礼，也是遵照日本人的礼仪和规矩。

日本人送礼一般是在得到他人恩惠之后的答谢行为。收到礼物后的回报是维系人际关系的义务，也是维持有序社会的一种规范，不回报是没有社会信用的表现。还礼义务根植于日本人的“义理”意识，“义理”原本来自以儒家礼法和伦理为中心的宋代理学，近世初期，日本儒学家林罗山结合儒家思想中的“义”，用“义理”来指世俗交往中绝对的道义。日本化的“义理”最早出现在《武家义理物语》③(1688年)关于武士阶层的行为规范中，后来义理逐渐普及

① ［英］马林诺夫斯基. 西太平洋上的航海者［M］. 张云江，译. 中国社会科学出版社，2009：45-53.

② ［法］马塞尔·莫斯. 礼物［M］. 汲喆，译. 上海人民出版社，2002：196.

③ “义理”一词来源于中国，在日本的历史文献中义理观念最早见于井原西鹤的『武家義理物語』，他所描述的是武士之间的义理。

到庶民社会。比如，“知恩图报”就是一种义理，如果不知道报恩，就会被人看成不懂义理之人。每逢中元、岁暮，日本人都会对平时关照过自己的人赠送礼物表达谢意，这就是“义理”的典型表现。日本人认为，从收到他人礼物的那一刻起，双方就形成了一种特殊的义理关系，一方为施恩，另一方为受惠。这种不平衡给受礼人心理带去微妙的变化，总觉得不安心，为了尽快消除这种不安，就要及时回礼。

日本人从近世以后开始用账本记录收礼的信息，以便回报同等价值的物品。“只要可能，人们都记录相互之间的来往，不论是劳务还是物品……无论出生或死亡，还是插秧、盖房、联欢会，‘义理’的交换都要仔细记录下来，以备日后回报”①。伊藤干治在《赠答的日本文化》中对“二战”前后农村的赠答情况做了对比分析，发现“二战”前的赠答具有三个特点：一是大部分赠礼都伴随着回礼；二是食物的交换尤为多见，而且都是同种食物的交换；三是礼物赠答遵循“均衡原理”，即返还相当的礼物②。但是，在战中时期出现了回赠“オウツリ”的习俗，这是接受礼物后的一种象征性回礼。社会学家有贺喜左卫门在《日本婚姻史论》(1948 年)中指出，结婚聘礼的回礼有三种类型：第一种是“同種財交換”(等额或基本等额的回礼)，第二种是“半返し”(半额或接近半额的回礼)，第三种是“象徴的返礼”(象征性回礼)。由此可见，以“二战”为界，日本的礼物赠答出现了不均等交换的形式。

“二战”结束后，美国占领当局对日本的政治、经济、军事和社会的各个方面实施了大规模的民主化改革。经过改革的日本政治稳定，国民权益受到保护，热忱地投身于创造财富的事业中，经济迅速发展。仅仅经过二十多年的努力，日本的国民生产总值跃居世界第二位，进入发达资本主义国家的行列。随着日本社会民主化的发展，原有的等级制度体系被废除，“义理”这一日本人的道德规范也随之发生了很大的变化③。传统的武士精神被运用于现代企业管理中，形成了一种类似于过去君主与武士关系的新型劳动关系。日本的企业与员工之间是一种风雨同舟、同甘共苦的关系，日本的员工一旦进入某个企业，就会努力工作至退休，也就是所谓的终身雇佣制。企业如同员工的家，员工一

① [美]鲁思·本尼迪克特. 菊与刀——日本文化诸模式(增订版)[M]. 吕万和、熊达云、王智新，译. 译林出版社，2012：129-130.

② 参见[日]伊藤幹治：『贈答の日本文化』，筑摩書房 2011 年版，第 41-54 页。

③ 参见李东辉：《浅析日本人的赠答习俗与“义理”——以“中元节”为例》，载于《日语学习与研究》，2009 年第 3 期，第 115 页。

般都有热爱自己所在企业的精神。这种劳动关系减少了双方的矛盾，增强了双方的共同利益，形成了全体成员的团结意识，个体也实现了在集体中的存在感、归属感和成就感。

中根千枝指出："'公司'对个人来说，在认识上不是客体，不是与个人订立一定契约关系的共同企业，而被认为是主体，即我的或我们的公司。并且在多数场合，它浓厚地掺入了感情因素，即它是自己的社会存在的一切，是全部生命的依据。"①"二战"之后，义理主要表现为个人对所属集团的忠诚和感恩。日本普遍反感频繁跳槽，认为这样的人不值得信任，缺乏耐心，缺乏义理，他们普遍赞赏那些对所属集团有义理的人，这种"义理"，就是忠诚于集团的精神。现代资本主义社会，通过法律、契约等手段来维系社会成员之间的关系，然而，日本人仍然保持着传统的交往习惯，比如上司对下属的关照、前辈对后辈的提携等等，这是因为彼此之间由于义理关系而结成的人情。这种人情的思想基础是日本传统文化的延续，在现代社会中，它有着稳固人际关系、促进人们相互尊重、相互帮助的积极作用。这是日本社会义理原则得以延续的重要原因之一，体现了新时期义理观念的丰富内涵。

战后基于企业共同体而形成的社缘关系推动了以"义理"为原则的赠礼活动，尤其表现为在中元、岁暮时向上司、同事、客户等赠送礼物，以表达日常所受关照的感谢。社缘关系的形成和企业赠礼活动的繁荣对在近代化过程中移居城市的人们起到了安抚情绪的作用，也对社会和国家的安定发挥了积极的作用。20 世纪 90 年代以来，日本企业的终身雇佣制和年功序列制出现了衰退的趋势，有的企业因为经济不景气而裁员，有的企业由于少子高龄化难以招到员工，还有的企业顺应全球化的趋势采用以实力和成果为评价标准的新型雇佣制度。在这样的时代背景下，企业共同体中的传统赠答活动有所减少。此外，日本还颁布规定禁止公务员和部分民间企业在中元、岁暮时向有利害关系的人赠送礼物，因此现在很多日本企业内部不再赠送中元、岁暮的礼物。

笔者的大学同学 L 认识一个在日本当公务员的朋友，据这个日本人说：

曾有一个中国人送给他一提烟酒，想托他为自己谋点私利，他按照工作条例予以拒绝，结果这个中国人以为是礼不够重，并开始鄙视对方的人品。然而，根据日本的《国家公务员伦理法》，公务员禁止收受金钱和物品，否则视同受贿，接收方和赠与方都要被处以刑罚。（2016 年 7 月 15

① ［日］中根千枝. 纵式社会的人际关系［M］. 陈成，译. 商务印书馆，1994：14.

日）

矢野经济研究所2015年国内礼物市场的调查结果也显示，受少子高龄化、核家庭化以及地域、亲属关系的稀薄化影响，礼节性的赠答活动日渐减少，而对父母、孩子和好友表达感谢、好意和爱的礼物馈赠占据了主要的礼物市场。除了传统的节日馈赠，越来越多的人更加注重生日、情人节，母亲节等个人化的馈赠活动。可见，礼物馈赠从注重形式礼节逐渐变为注重真情实感，而人际关系也从由上下关系决定的纵向交往逐步转为亲友之间的横向交往。市川孝一在《赠答的生活学》中将作为交流媒介的礼物功能分为五种类型：(1)维持和谐的纵向人际关系，这类赠礼以社会性义理和义务感为基础，重视传统的常规惯例。(2)维持良好的横向人际关系，这类赠礼以脱离了“家”和“公司”等组织的个人为主体，传递私人的信息，在赠礼方式上注重个性化。(3)创建自己所希望的新的人际关系。(4)修复或更新已有的人际关系。(5)通过分享有趣的礼物，建立令人愉悦的“仲间关系”。虽然第(1)种类型的礼物作为传统的赠答活动依然存在于社会生活中，但第(2)—(5)种类型的礼物已经变得越来越重要。

二、加强“身内”关系的情感联系

近代以前，日本人的赠答活动主要是在最重要的节日里进行的。这些节日大多与祭祀仪式和人生仪式有关，可以说传统意义上的赠答是在神圣的日子里举行的仪式活动，目的是为了祈祷神灵护佑。村落共同体中的“赠答”以“家”为单位，以“义理”和“客套话”为原则，并通过记账的方式来维系一种均衡的互酬关系。尽管在村落中也存在以“人情”和“真心话”为动机的个人间的“物品交换”，但和“赠答”相比较，日常的简单礼物(如“お土産”“手土産”)在赠礼领域并不突出，没有引起专家学者们的足够重视。近代以来，欧美文化的传入，对日本的教育、思想和文化产生了巨大的影响。日本以个人为单位的赠礼正是来源欧美的节日，在企业和百货商店的推动下，日本化的欧美节日逐渐流行起来，这些节日的赠礼对象主要是亲近的家人，因此成为区分工作领域和家庭领域的赠与机会：工作领域是利己的、非人格化的，而在家庭领域则需要向家人表达关爱和情感。

从社会功能的角度来考虑，网络时代的礼物赠答主要包括两种类型，一类是作为社会交往手段的馈赠，另一类是作为感情交流手段的馈赠。中元、岁暮以及婚礼、葬礼进行的馈赠属于前一类，这类馈赠行为的特点使赠礼人和受礼人的关系具有社会性，赠礼的目的是为了维持和谐的“仲间关系”。例如，在中元和岁暮向公司的上司、学校的老师或经常为自己看病的医生赠送礼物，这是一种礼节性的行为。相比而言，作为感情交流手段的馈赠行为以表达自己的感情为目的，赠礼人和受礼人是较为亲密的“身内关系”，比如亲子关系、恋人关系。

随着生活方式和价值观念的多样化，送礼习惯也在不断变化。根据花王株式会社“生活者研究中心”针对赠答习惯实施的社会调查显示，在2001至2002年期间，“中元”和“岁暮”的实施率为72%，排在“日常交换”和“生日”的后面仅列第3位。到2005年时，中元、岁暮的实施率下降至64%，排在第5位。由于“公司禁止送礼”“没有请媒人”等原因，现在的年轻人很少给上司、媒人等义理对象赠送礼节性礼物。中元、岁暮的赠礼对象以父母、亲戚等关系亲近的人为主。对于年轻人来说，赠送礼物即意味着人际关系，与其广泛地结交义理对象，他们更希望与对方建立深入持久的交往关系，不是赠送千篇一律的礼物，而是赠送有趣的礼物来让对方感到高兴，同时也让自己获得满足。今后的赠礼形式，将会以年轻人为中心，根据对方的需要自由地选择赠礼的机会和礼物的内容，通过一份不经意的礼物来传递自己的心意。

王宇新在《日本年轻人馈赠行为考察分析》中认为，日本年轻人的馈赠行为具有三个特点：一是随意性，无论是送礼的形式还是礼物的内容，都有明显的随意化倾向。二是个性化，在礼物的选择上，在注重实用性的同时开始讲究个性化。三是宽容性，虽然对送礼的形式比较看重，但态度趋于宽容①。可见，日本年轻人的送礼行为越来越自由，无论是在形式上还是内容上，都不再拘泥于固定的模式。根据2013年由DNP实施的《关于礼物的调查》来看，与形式固定的正式礼物相比，随意的礼物能够促进与身边的家人和朋友之间的日常交流。正式的礼物主要送给较远的亲戚关系，而随意的礼物一般送给配偶、孩子和朋友。虽然和身边的家人、朋友每天见面，却很少有机会表达心意，通过赠送随意性的礼物有助于促进彼此之间的交流。

从个人化赠礼在礼物市场中所占份额的不断提升，我们可以看到某些个人主义形式的崛起。日本的公司越来越不能给员工带来安全感，越来越多的日本人被迫独自面对被公司抛弃的困境，他们不得不重新质疑从前的社会契约。日本的年轻人是在日本经济高速增长时期成长起来的，他们并不认为人与人之间

① 参见王宇新：《日本年轻人馈赠行为考察分析》，载于《日语学习与研究》，2008年第1期，第70-71页。

应该相互团结，甚至认为自己与其他人之间没有任何关系。他们感觉自己是空虚的，但也需要通过一个小团体中的人际关系来填补这一空虚。他们并不想加入大型组织，因为这是给老一辈人准备的。但是，当他们加入一个小团体以使自己感到安全时，他们不过是做了同样的事情——他们仍然继续依附于某个人，而并不是自己独立地站立。博报堂生命与生活研究所的所长关泽英彦对西方的个人主义和日本的个人主义的区别是这样解释的："我们在日本称之为个人主义的东西更接近于'自我欣赏'。在欧洲的个人主义中，有个人责任的重要理念在内，这在日本却很少得到回应。个人主义(在日本)并不会导致对体制的质疑，日本就很少有抗议活动。日本人通过行动和经历来更好地了解自己，而不是坚持要维护自己的观点。"①

第二节　满足个人的情感需求

美国社会心理学家亚伯拉罕·马斯洛在20世纪40年代提出的需求层次理论，将人的需要转化为生理需求、安全需求、情感和归属需求、尊重需求和自我实现需求五个方面，反映出从较低层次向更高层次的需求变化。根据马斯洛的需求层次理论，当一个人有较低层次的需求得到满足时，他便会转而尝试满足更高层次的需求。马斯洛认为，在发展中国家，生理需求和安全需求占主导地位的比例较大，而高级需求占主导地位的比例较小；发达国家的情况则正好相反，高级需求占主导地位的比例较大，如：友谊、爱的归属和自我实现的需求。日本传统的赠答活动主要以家庭为单位，随着社会的发展，以个人为单位的赠答活动逐渐增多。个人间的馈赠行为不仅可以作为感情交流的手段，而且也是自我表达和自我实现的方式。

一、情感表达需求

以理性原则为核心的社会交换理论来解释礼物交换现象，面临着将社会关系简单等同于经济关系的危险。莫斯研究古式社会礼物交换的目的在于通过道德的维度来重构现代社会的逻辑，礼物精神在莫斯看来就是集体情感的体现，是基于对他者道德人格充分信任的基础上，对有用物品的慷慨赠与。在莫斯那里，礼物本身的实际价值是没有意义的，它的价值在于交换过程所体现的情感

① 高丽安. 日本女人，温柔的革命[M]. 佟心平、徐艳，译. 时代文艺出版社，2011：24.

价值和社会意义①。在日本社会的礼物赠答中，始终贯穿着“恩”“义理”“人情”等附带了情感价值的人际交往原则。

礼物不仅是人际关系的纽带，也表达了人与人之间最温馨最美好的心意。在日本，送礼是一种心意，与礼物本身的价值并无关系。日本人送礼并不在意送多么贵重的礼物，关键是要符合对方的需要，比较讲究经济实用。比起礼物的内容，日本人更加注重礼物的包装。礼物的包装是日本人追求美的一种形式，即便是简单廉价的礼物，也会配备精美的包装。因为好的包装不仅能让受礼人赏心悦目，也可以体现赠礼人的诚意。在传统的赠答活动中，虽然也含有表达谢意的情感性因素，但由于赠礼的目的在于维持和谐的社会关系，所以工具性因素依然居于主导地位。别府春海过于强调传统赠答活动的工具性功能，却没有注意到随着日本社会的发展和价值观念的转变，日本人不再热衷于追求形式和义务的正式礼物，反而积极追捧以表达个人情感为目的的随意礼物。随意的礼物既包括日本化的西方节日活动，也包括日常生活中不定期的赠礼活动，这是一种着眼于人的真情实感的赠答行为，反映的是人与人之间的情感共鸣。

在传统上，日本人身上确实存在一种循规蹈矩的强烈倾向——注意别人，向别人一样行动。比如传统的赠答活动强调一种固定化的模式，礼物的内容也是千篇一律。在当今时代，日本人正处在一个过渡阶段，大部分日本人仍继续向其他人一样行动，但在内心深入却接受与其他人不同的行为方式。即现在可以按照不同于他人的方式行动，可以与众不同。尽管“个人化”的馈赠时代已经悄悄来临，然而对于日本的年轻人而言，这种个人化进程其实表现为在团体内部寻求更多自我表达的机会。正如一个年轻的日本女孩所言：“我个人认为，如果是在两个人之间，我会公开发表我的观点；如果在集体中，我会向大家看齐。”②因此，日本人会根据不同的环境和对象来选择是否表达个人化的一面。

二、自我实现需求

礼物的主要功能是维持和创造社会关系，然而随着日本社会送礼行为越来越个人化，产生了一种特殊的礼物形式，这就是“自分へのご褒美”(自我犒赏)③。

① 李灿金：《礼物交换中的感性选择》，载于《华中师范大学学报(人文社会科学版)》，2014年第2期，第27页。

② 高丽安．日本女人，温柔的革命[M]．时代文艺出版社，2011：20.

③ “自分へのご褒美”与“自分へのギフト”“自己贈与”基本同义，都是指自我礼物。

当完成既定目标或者感到郁闷消沉的时候，很多人为了奖励或鼓励自己，会购买一些平时舍不得买的高价商品和点心送给自己。无论做什么事情设定一定的目标都是十分重要的，作为完成目标的证明而送给自己礼物也是无可厚非的。就像运动员以获得奖牌和打破纪录为目标一样，人们都希望为自己保留完成的结果和努力的证明。根据《大辞林 第三版》的解释，“褒美”的意思是“ほめて与える品物や金銭，褒賞”(作为奖励的物品或赏金)。通常他人的评价或褒奖是对自己努力付出的认可，而“自我犒赏”是以自己送给自己礼物的形式来认可自己，实际上是无视他人评价的一种自我满足。

高木佳亮在《礼物的文化论》一文中对“自我犒赏”产生的原因做了如下分析：自我犒赏之所以会在日本流行，主要是因为现在的人们对他人漠不关心。自己为了生存竭尽全力，而不在意周围人们的评价。尽管如此，作为个体的自我还是希望能被某个人认可，若是连自己都不肯定自己就太痛苦了。正是由于个人需要调和自己的苦恼情绪，所以越来越多的人选择奖励自己，送给自己礼物。① 因此从某种意义来说，送给自己礼物正逐渐成为一种个体渴望被认可和关心的自我实现方式。

马斯洛在需求层次理论中所说的自我实现需求就是自我发挥的愿望，是要实现自我潜在意识的需求，是完全实现自我的愿望。而美国人格心理学家杰里·伯格指出：“关于自我概念的不同观点也意味着来自两种文化类型的人对于自我满足和感觉良好概念的看法有所不同。典型的个体主义文化中的人想到他们独特的价值和个人成就时就会感觉良好，相反，集体主义文化中的人的自我满足感来自他们感知到自己与他人的关系”②，所以他认为现代人格心理学中关于自我、自尊、自我实现、自我评价等问题的看法并不适用于日本。对于日本人来说，自我并不是在自身内部寻求存在的依据，而是由人与人之间的关系决定。自我礼物在日本的流行，反映了个体的脱共同体化和脱社会化，使得

---

① 日语原文是：“なぜ諦めにも似た「自分へのご褒美」というものが流行ってしまうのか。それは、現代の人々が他者に対して無関心にならざるを得ない状況が原因になっているのだと思う。自分が生きることで精いっぱいになってしまっていて、周りの人々のことを気にしていられない。それでも、誰かに認めてもらいたいという気持ちはある。せめて自分だけでも、自分のことを認めて生きていかなければ辛い。このような苦悩を和らげる方法として、自分にご褒美をあげるような人々が増えているのではないだろうか。”

② 转引自尚会鹏：《论日本人自我认知的文化特点》，载于《日本学刊》，2007年第2期，第96页。

个体更难确定自我，更难成为自我实现的人。

第三节　传承赠答的礼仪习俗

影响现代日本的赠答习惯是在弥生时代产生的，随后这种以稻谷为中心的神人共食现象逐渐蔓延到人们的交往活动中。近世以后，受到义理观念的影响，人们越来越注重礼物赠答的均衡性，送礼行为作为一种交际手段被广泛地应用于日常生活中。进入近代，来自西方的生日、圣诞节、情人节等非传统的赠答习惯受到日本社会的追捧，越来越多的人更注重表达个人感情的节日。日本的赠答习惯所表现的“求和”和“义理人情”的文化心理是日本人宗教意识和伦理道德的体现，并通过日常的赠答实践不断强化了“求和”和“义理人情”的文化特征。

一、继承传统的赠答礼仪——包装和书信

日本是一个注重礼节的国家，礼物的包装和赠答的礼节都十分烦琐。江户时代《包结之记》的问世，标志着日本赠答礼仪的正式确立。该书对不同场合下的包装和绳结作出了严格的规定，旨在通过某种“型”(形式)来达到尊敬他人，恪守礼节的目的。日本传统的包装用品主要有“熨斗”“水引”“熨斗紙”“熨斗袋”“祝儀袋”“不祝儀袋”等。尽管现代的包装已经简化很多(比如直接把“熨斗”和“水引”印在包装纸或信封上)，但在正式的场合下还是会根据具体的情境选择适合的包装用品。日本人认为绳结之处有神秘的力量，“結び”(绳结)与“産霊”(むすび/むすひ)①相通，“むす”是生、产的意思，“ひ”的意思是神灵。喜庆礼品②要打成金银、红白或金色的蝴蝶结，预示喜庆之事常在；丧事礼品则打成黑白或银白的断结，表示凶丧不再降临。在将礼金放入“祝儀袋”“不祝儀袋”中时，要用称为“中包み”的白纸先包一层，正面写上金额，反面写上送礼人的地址和姓名。把“祝儀袋”“不祝儀袋”亲手交给受礼人时，还要在外面再包上一层“袱紗”③(小绸巾)，从小绸巾中取出装礼金的纸袋双手呈上。

除了注重包装礼仪，日本人在礼物赠答的过程中还有一个传统，那就是互

---

① 在神道的观念中，“产灵”指的是让天地万物产生、发展和完成的灵力。日本的“造化三神”分别是天御中主神、高皇产灵神和神皇产灵神。

② 但结婚礼品的绳结不宜采用蝴蝶结，一般采用“あわじ結び”(鲍鱼结)，预示着结婚仅此一次为好。

③ 关于小绸巾的包装方法，喜事和丧事的叠法正好相反。喜事时先叠左边，后叠右边，丧事时则相反。

相赠送明信片表达问候。书信在日本人的生活中起着非常重要的作用，七月下旬和正月时给朋友和熟人赠送明信片。七月的明信片称为“暑中見舞い”（盛夏慰问），而正月的明信片叫作“年賀状”（贺年卡）。尤其是贺年卡，它的历史可以追溯到平安时代，当时的贵族和公家延续了奈良时代从中国传入的拜年习俗。对于远方亲友，由于无法亲自拜访，于是开始以书信的形式表达新年问候。到了近世，“飛脚”①和“使用人”②成为传递拜年文书的使者。明治时期的1871年，日本确立了邮政制度，但拜年方式仍以书信为主。两年后，邮政明信片开始发行，简洁廉价的贺年卡也就应时诞生并得以迅速普及。

1887年，赠送贺年卡正式固定为国民的一项仪式活动，经过100多年的发展，日本的邮政贺卡已经成为新年文化习俗和情感交流的表现形式之一。贺年卡的内容主要是感谢过去一年的关照，并请对方在新的一年里继续关照。贺年卡的发行量自2008年以来呈现逐年递减的趋势（如图1所示），根据日本媒

图1③　贺年卡的发行量

① 所谓“飛脚”是指日本近世时期从事书信、金钱、货物运输的职业人。

② 所谓“使用人”是指佣人、雇工等。

③ 资料来源：Garbagenews《年賀葉書の発行枚数などをグラフ化してみる》（2017年）。

体 Garbagenews 的分析，贺年卡减少的原因主要有人口减少、交往方式改变、对习俗的态度变化、核心家庭化等，但最重要的原因还是互联网和社交媒体的普及。尽管如此，2016 年贺年卡的发行量仍有约 31.4 亿张，平均每个人寄出约 25 张新年贺卡。

近年来，由于信息技术和印刷技术的发展，贺年卡上可以附上照片和留言，甚至还可以通过手机 APP 制作个性化的电子贺年卡。日本人不仅保持着互相赠送明信片的习惯，而且在赠礼和答礼的过程中也很注重辅以“添え状”①(附信)“礼状”(感谢信)的方式来传递心意。赠礼人在送出礼物时要附上一封信来表达日常的感谢，而受礼人在收到礼物以后也要通过感谢信的形式来传递对日常关照的谢意和收到礼物的感激。“附信”本来应该饱含感激和敬意地亲手交给对方，但现在很多人都是通过商家(如百货商店)直接寄给对方。邮寄礼物的时候必须附上书信，尤其是在分开寄出礼物和书信的情况下，要确保礼物和书信同时送到或者书信比礼物先送到。在附信中，不仅要传递季节问候②和感激之情，而且应告知礼物的内容、送礼的理由、寄出礼物的时间及预计收到礼物的时间。“感谢信”一般在收到礼物的当天或者两三天之内写好寄出，万一回复晚了则应该在书信中表示歉意。感谢信的写法和附信基本相同，也要遵循固定的格式。除表达问候和感谢外，不宜在感谢信中谈及其他的事情，以免有失礼貌。

礼物赠答和书信的紧密联系，以及与日本人的“言霊(ことだま)信仰”有一定关系。自古以来，日本是个崇尚万物有灵论的民族，并深信语言具有某种灵力，可以主宰人们的吉凶祸福。在最古老的和歌集《万叶集》中，柿本人麻吕有这样一首诗歌：“しきしまの大和の国は　言霊のさきはふ国ぞ　まさきくありこそ”，它所表达的意思是：日本是一个“言灵”带来幸福的国家。《万叶集》讴歌的“言霊信仰”，在现代的日本社会中仍然存在。比如，日本人在赠送礼物时除了物品之外，还要以书面的形式即语言文字来表达出自己的谢意。根据日本某知名美容外科医院 2012 年 12 月实施的“喜欢的一句话及其理由”的问卷调查，结果显示排在第一位的是“谢谢”。喜欢“谢谢”的理由包括，“不

---

① “添え状”也叫作“送り状”。

② 日语书信开头的固定格式是表达“時候の挨拶”(季节问候)和“安否の挨拶”(是否安好的问候)。书信结尾处一般也有表达祝福的问候语。每一个月份都有相应的问候语，反映了日本人对季节变化细腻的感受性。而且，根据对象的不同，书信的写法也有所区别。比如对于上司、长辈等需要郑重对待的人，语言表达上的礼貌程度会更高一些；而对于比较亲近的人，语言表达则较为随意一些。

管是自己说还是别人对自己说，都让人感觉心情舒畅”①(19 岁男子)、“这是有魔力的语言”②(26 岁女性)、“在感谢的同时替对方着想，这才是年长的人所重视的处世之道。我最近深感‘谢谢’是与人交往的基本语言”③(35 岁女性)、“无论是能够坦率地道谢，还是接受道谢，听起来都很好，显得气氛和睦”④(49 岁男子)、“这是令人感觉温暖的语言”⑤(50 岁女性)。NHK 放送文化研究所的舆论调查也显示，在日本人喜欢的语言中，排在前三位的分别是“谢谢”(67%)、“关心”(44%)、“健康”(41%)。在每隔五年进行一次的该项调查中，“谢谢”均入围了前三位，是日本人最喜欢的语言⑥。

二、战后废除虚礼的“新生活运动”

日本传统的赠答习俗十分讲究固定的形式，对礼节的要求既严格又繁琐，“二战”以后，送礼曾一度被认为虚假礼仪，被列为废除对象。战后不久(1947 年 6 月)，日本政府主导了一场旨在构建社会新秩序、是生活更加民主合理的“新生活运动”。1955 年 9 月财团法人新生活运动协会成立后，全国规模的新生活运动正式展开。第二年发行的机关报《新生活运动》提出了“废除奠仪”“简化婚礼”的问题，这是一场致力于改变旧习的“官方的生活改善运动”。新生活运动协会于 1982 年 3 月更名为财团法人“创造明天的日本”协会，两年后《朝日新闻》(大阪版，1986 年 2 月 16 日)发布报道称，全国 62.2%的自治团体正在努力推进“冠婚葬祭的简化”。然而，战后的生活改善运动并没有实现预期的目的。通过比较柳田国男 1937 年编写的《山村生活的研究》⑦和成城大学民俗学研究所 1990 年编写的《昭和时期山村的民俗变化》⑧，民俗学家田中宣一发现，尽管某些地区在取消奠仪回礼、实行统一的低额奠仪方面取得了一定的成效，

---

① 日语原文是：“自分で言っても人に言われても気持ちいいから。”

② 日语原文是：“魔法の言葉なので。”

③ 日语原文是：“感謝とともに相手の想いに頭を下げる。ただそれだけだが、年配の方からはなぜか大事にしてもらえる。人と付き合うことの基本のような言葉だと、最近痛感している。”

④ 日语原文是：“素直に言えるのも、言ってもらえるのも、良い響きで和やかだから。”

⑤ 日语原文是：“人を暖かくする言葉だから。”

⑥ 资料来源：NHK《日本人の好きなことば調査》。

⑦ 柳田国男麾下的民俗学家自 1935 年 4 月起对全国的山村开展了为期三年的调查研究。

⑧ 50 年后对 30 年代的山村调查进行的追踪调查研究。

但很多地方对冠婚葬祭的简化不过是一时的现象，或者根本就没有实施过。

之所以会出现这样的结果，究其原因在于生活改善运动是在国家权力主导下的自上而下的运动，而不是孕育于民众生活的草根运动。推动生活改善运动的当政者并没有充分认识到赠答习俗自近代以前就已经扎根于日本社会，反映了人际关系的互酬性原理。无论国家权力如何努力都难以动摇这种基于返礼的期待和返礼的义务的互酬性原理。尽管战后的新生活运动收效甚微，但随着生活方式和价值观的多样化，传统的习俗和观念也在发生变化。以“葬礼”为例，20 世纪 40 年代国家打着废除虚礼的旗号积极推进“新生活运动”，从 20 世纪 50 年代到 70 年代的经济高速发展时期，“新生活运动”的热潮逐渐减退，举行葬礼时，尽管町内会可以提供帮助，但专业的殡葬服务开始受到追捧，高级的祭坛和豪华的灵柩车亦得到普及。到了 20 世纪 80 年代的泡沫经济时期，日本人在举行葬礼时讲排场好面子，葬礼的开销暴涨。20 世纪 90 年代社会出现了思考死亡的风潮，进入 21 世纪以后人们更加依赖专业的殡葬服务，但同时对高额的殡葬费用和强制的殡葬内容表示出不满。

表 1①　葬礼变化

20 世纪 40 年代（战后）	宣扬废除虚礼的“新生活运动”开展得如火如荼。
20 世纪 50—70 年代（经济高速发展时期）	“新生活运动”的势头逐渐减弱，举行葬礼时，町内仍会发挥强大的帮扶作用，但对丧葬从业者的依赖性日渐增强。华丽高级的祭坛和豪华的灵车开始得到普及。
20 世纪 80 年代（泡沫经济时期）	举行葬礼时，看重虚荣和面子，导致葬礼华而不实，丧葬费用不断高涨。
20 世纪 90 年代	出现了思考“自己的死”的风潮。
2000 年以后	在对丧葬从业者的依赖性逐渐增强的同时，越来越多的消费者对高额的丧葬费和强制的葬仪内容表示不满。2000 年以后，向全国消费生活中心投诉丧葬问题的事件不断增加。

另一方面，在废除虚假礼仪的呼声中，战后在企业共同体中的中元、岁暮送礼反而比以往更加盛行，部下给上司送礼在表达感谢的同时也包含着功利性

① 该表引自小谷 みどり：現代における「終活」ブームの背景。

的目的。大约在20世纪六七十年代，关于“冠婚葬祭”和人际交往的社会规范和应遵守的礼仪等方面的书籍开始大量出现，迄今为止，人们仍然把它们作为赠答活动中的参考资料。随着信息技术的发展，在互联网上涌现出大量介绍赠答礼节的专门网站，如“日本贈答文化協会”①“NPO法人日本サービスマナー協会”②“ご贈答マナー”③“マナーがわかる辞典”④等。此外，一些经营礼品的企业也会在网站主页上宣传日本的赠答礼节，如“株式会社ギフト館ふじむら”(藤村礼物馆株式会社)“株式会社ヒロカネ”(广兼株式会社)等。

三、对外来文化的吸收和改造

在赠答习俗的传承和发展过程中，现代日本社会形成了三种形态的赠答：(1)传统的赠答习俗；(2)从西方引进的赠礼习惯；(3)日本改造和自创的赠礼习惯。这三种形态直接地反映了日本文化的三大属性：连续性、可变性和创造性。日本的赠答习惯虽然先后受到过中国和西方的影响，但日本对外来文化进行了选择性地吸收和改造。比如，日本的中元节最初是将中国道教的中元节(7月15日)和佛教的盂兰盆节(7月15日)相结合，用来祭祀先祖的习俗。江户时代在商人的推动下，发展成为向关照过自己的人表达谢意，并期待继续保持交往的赠礼节日。再如，日本的情人节由西点业企业从西方引进后，结合当时日本女性角色和地位的变化，发展成为由女性向男性主动告白，赠送巧克力的节日。

在对外来节日进行改造的时候，日本只保留了这些节日的“形”，把“神”换成了带有自己特色的内涵，这是日本在接受中国文化和西方文化的影响下仍始终保持本民族特色的重要原因。不仅如此，日本还能根据需要不断发展已经扎根日本的文化理念或文化现象的内涵。比如，“义理”从我国传入日本后，在江户幕府时期主要作为武士阶层的武德和工商阶层人际交往的规范。明治维新以后，它只强调臣民对天皇的孝忠而压制民众的人情。“二战”之后的义理主要表现为个人对所属集团的感恩。网络时代的义理则表现为个人之间的日常感谢。再如，日本的情人节赠送巧克力的习惯也在不断地与时俱进。最开始女性送给喜欢的男性“本命巧克力”，后来日本人根据对象和动机的不同，相继

---

① “日本贈答文化協会”是礼物专卖店的全国组织。

② “NPO法人日本サービスマナー協会”是非营利法人日本服务礼节协会。

③ “ご贈答マナー”是冠婚葬祭的综合信息网站，介绍赠答的礼节。

④ “マナーがわかる辞典”是礼节词典。

发明了亲情巧克力、义理巧克力、友情巧克力和自我巧克力等。

日本是一个既注重民族传统，又善于借鉴他民族文化精华的国家。以礼品包装设计为例，日本人善于运用传统元素，来激发出消费者对于本民族文化的一种共鸣。日本的礼品包装讲究自然材料的运用，崇尚简约的现代美，设计师善于挖掘商品的内在，赋予它们情感，从单一到系列，从机械到手工，每一件商品的包装设计都具有独创性，让消费者感受到人文关怀。新的时代给礼品包装提出了新的要求，日本人从可持续发展和以人为本的理念出发，既致力于解决礼品包装的再利用问题，又通过人性化的设计来减少浪费和使用上的不便，从而大大增加了消费者的满意度。可见，日本人一方面重视民族传统文化的传承与运用，另一方面积极吸收其他民族文化的先进技术和理念，使得日本的赠答文化形成了一种介于东方与西方文化之间、传统与现代化和谐并存的独特风格。

第四节　推动礼物市场的发展

礼物交换一般是指“物与物”的交换，在古式社会中用来交换的物品多是没有实际价值的“宝物”，如库拉贸易中的臂镯和项链，“库拉不是在有任何需要的压力下才进行的，因为它的主要目标是毫无实用性的交换”①。这种财富的记号是循环流通的，拥有所产生的名望才是其价值之源。而在商品社会中，用于交换的礼物大多是在市场上购买的商品，一般以消耗品为主，物品具有实用价值，但一经使用便会失去了它的价值。礼物实际上是人格化的商品，即赠礼人精心挑选某个商品后通过适当的方式送给别人。在日本文化中，礼物包装之所以重要，首要的原因就在于未经包装的物品（或商品）并不能称其为礼物，包装的过程也是商品人格化的过程。尽管商业主义的根本目的在于追求利益的最大化，但是追求商业利益的企业在刺激礼物消费的过程中间接促进了赠答文化的传承和发展。一方面，礼物交换成为商品生产的动力，另一方面，商品的生产和促销又推动了礼物交换的发展。

一、企业力量推动礼物市场的发展

日本人用来送人的礼物大部分都是食品、日用品等消耗品，除了关系亲密

① ［英］马林诺夫斯基. 西太平洋上的航海者［M］. 张云江，译. 中国社会科学出版社，2009：48.

的人可以互相赠送亲手制作的礼物之外，用于交换的物品一般都是用货币购买的商品。精心挑选的商品经过包装以后变身为饱含心意的礼物；如果收到自己用不上的礼物也可以拿到跳蚤市场上低价转让，因此，礼物和商品既相互区别，又能够相互转换。由于礼物首先是商品，所以企业和百货商店为了促进产品的销售，必然会利用一切赠与机会甚至创造赠与机会来积极开展宣传和促销活动。每到中元、岁暮的送礼时节，各大百货商店都要推出各式各样不同档次和价格的馈赠礼品供人们挑选，形成一场声势浩大的商战。在圣诞节、情人节、母亲节等西方化的节日活动来临时，商店也会提前营造节日的氛围，打出醒目的标语宣传感恩精神，鼓动消费者购买节日礼物。企业和百货商店的营销战略不仅刺激了礼品市场的消费，而且对发展赠礼文化和振兴地方经济文化也起到了促进作用。

第一，礼品消费间接促进了赠礼文化的发展。在日本，以个人为单位的赠礼习惯主要来源于西方的个人化节日。与日本的传统赠答不同，西方的个人化节日以表达自己的感情为目的，发挥着联系家人情感关系的作用。以圣诞节和情人节为例，企业和百货商店把西方的节日作为新的赠与机会引进日本，成为推动外来节日在日本扎根的重要力量。1904 年圣诞节作为赠与机会在日本固定下来，从某种意义上来说，圣诞节成了日本与世界接轨的现代化和全球化的尺度。由于圣诞节和岁暮在时间上较为接近，因此商家常将圣诞节和岁暮的促销活动结合到一起，称为“年末商战”。在商家的宣传效应下，日本的圣诞节形成了吃奶油草莓蛋糕和肯德基的独特习惯。20 世纪 70 年代，日本的西点行业和百货商店纷纷投入到情人节的巧克力销售中。1985 年，日本的西点商开发了义理巧克力，并利用“回礼的期待与义务”的互酬性原理，创造了回礼的节日——“白色情人节”。进入 21 世纪后，西点商又开发出友情巧克力和自我巧克力。

第二，礼品消费有利于振兴地方经济文化。在日本人的礼物赠答中，最频繁的便是出差或旅行归来时赠送“お土産”的习俗。“お土産”多为当地富有特色的食品，日本的特产几乎都与产地历史有着密切的联系。日本人有着浓厚的工匠情怀，在这样的文化背景之下，日本各地都有许多精巧的工艺和精致的手工艺品，作为整个国家的无形文化遗产，被完整甚至有所发扬地保留至今。最有历史意义和艺术价值的传统手工艺制品，会由日本经济产业省进行指定，成为受到国家认证和保护的工艺，被称为“経済産業大臣指定伝統的工芸品”。在日本的 47 个都道府县(相当于中国的省级行政区)中，截至 2017 年 1 月 26 日共有 225 种被指定的品目。一方面，依靠特色产品的生产经营，对日本各地的经济发展起到了积极的促进作用，特别是为当地的旅游业创造了可观的经济价值。另一方面，特色产品不仅具有经济价值，而且具有符号价值，对于弘扬地域文化起着举足轻重的作用。地域文化的发展既有利于强化当地民众的文化认同，也有助于增加日本文化的海外影响力。

无论是赠礼契机的增加，还是礼物类型的多样化，都离不开企业为刺激礼物消费所做出的努力。随着经济环境的不景气和人际关系的淡薄化，日本人对传统节日的重视程度有所下降，在这种情况下，企业通过分析市场需求调整营销战略，创造机会让人们重新认识传统节日，并开发出新的消费机会。比如，像中元、岁暮这样的传统节日，赠礼的对象逐渐从上司、师长等义理对象转为以家人、亲戚为中心的身边亲近的人，甚至送给自家使用。由于赠礼对象发生了变化，企业必须根据消费者的需求开发适合的产品。特别是由于老龄化、家庭人口减少和单身家庭的增加，使消费者对于独立包装的商品，少量但高级的商品的需求大大增加。企业或商家为了唤起消费者的需求，会采用各种宣传手段营造出感谢他人、犒劳自己的赠礼氛围。2015 年笔者在日本做调查期间正值母亲节和父亲节，在节日来临前，大型百货商场和中小商店都会努力营造一种感恩的氛围，在宣传海报或宣传板上写着“お母さん ありがとう!”(谢谢妈妈!)“お父さん ありがとう!”(谢谢爸爸!)的问候语，有的百货商场甚至用人造花摆出“ありがとう!”(谢谢!)的文字造型来吸引消费者的注意，从而唤起人们购买礼物送给父母的欲求。日本社会老龄化的加剧带来了老年人口的增多，以老年人为对象的礼物需求正在不断扩大，看到这一商机的企业开始着眼于健康型的礼物消费。

二、女性消费影响礼物市场的走向

在礼物消费中，日本女性具有不容忽视的影响力。在日本，女性和消费之间的联系主要源于女性始终掌管着家中的钱袋子，即便重大事项由夫妇共同决定，但她们始终都扮演着会计的角色。根据“女性市场研究所”的分析，女性掌管着家庭当中百分之八十的开支份额，她们能够决定购买的商品种类从食品、日用品，已经扩大到住房、汽车与家庭理财等范畴。女性购物的狂热可能很快被认作一种自我陶醉式的补偿，因为她们在社会中缺少权力①。从 20 世纪 80 年代起，日本女性在生活方式和生活渴望上一直都领先于男性(如对精神领域的向往，对改变生活品位的渴望等)，她们更为崇尚享乐，更为关注自

① 高丽安. 日本女人，温柔的革命[M]. 时代文艺出版社，2011：38.

己，对外部世界更为开放。20 世纪 90 年代的十年确定了女性的消费地位，她们成为新趋向的领导者，消费运动的鼓动者。

山口睦在《赠答的近代》中指出："我们经常强调女性掌握着消费的动向，可以说在现代社会，女性和孩子已经成为赠与的主体。"①他要强调的便是女性在赠礼活动中的主体地位，因此企业为激发礼物市场的活力必然会积极考虑女性的消费需求。比如在 20 世纪 70 年代兴起情人节就是日本企业以女性为对象刺激消费的典型例子。山田晴通在《情人节巧克力从何而来？》一文中指出，女性对男性的单向送礼行为离不开巧克力制造商的促销活动，各家企业的促销对象之所以以女性为主是因为当时到店面购买巧克力的顾客大部分都是女性②。可见，日本情人节的形成由女性送给男性巧克力的习惯不仅与战后女性社会地位的提高有关系，而且与女性的消费地位也有关系。

在经济低速发展的时代，女性通常会节制消费，不会购买多余的物品，成为精明的消费者。为了让女性能够以一种幸福的心态去购物，企业打着犒赏自己的旗号来刺激女性的消费。因此，女性在购买比较奢侈的商品时，总是以"犒赏自己"为理由。就算平时在超市为 100 日元的贵贱而斤斤计较的人，只要以"犒赏"为理由便会马上掏钱买单。这种"犒赏性消费"的主体是职业女性，正是因为她们有了工作，有了自己的收入，从而使她们能够发展出个人的消费。社会经济环境的巨大变化使得社会竞争更为激烈，职业女性的工作环境也因此更为严峻。在和男性一起工作、一起接受评价的环境下，女性受到了来自理想与现实、客套话与真心话、新的价值观与旧的价值观的双重影响。为了鼓励和表扬在这样的环境中努力奋斗的自己，于是女性开始购买犒劳性的商品。随着职场女性工作压力的增大和经济能力的提高，"犒赏性消费"今后会越来越受到女性的青睐。

BELLE MAISON 生活方式研究所③根据 2017 年对女性生活方式的问卷调查发现女性一方面保持着节约意识，另一方面希望提高现在和未来的生活质

---

① ［日］山口睦：《贈答の近代——人類学からみた贈与交換と日本社会》，東北大学出版会，2012 年版，第 239 页。

② 日语原文是："女性から男性への一方通行的贈答行為もチョコレートメーカの販促活動と切り離して考えることはできない。各社の販売促進のターゲットはほとんどが女性顧客であったが、これは当時、チョコレートを店頭に買い求めに来る顧客の圧倒的多数が女性であったからである。"

③ 株式会社千趣会在 2004 年 5 月设立的研究机构，目的在于研究女性生活方式的变化。

量。近年来，比起物质的富足，女性越来越追求精神层面的满足感，消费方式逐渐从"もの消費"(物品消费)转向"こと消費"(体验型消费)。尽管现在日本很流行"断舍离①"的风潮，但对于自己期待或感兴趣的方面，女性还是很舍得消费。体验性消费更多的是注重消费者的参与、体验和感受，空间和环境也更加强调体验。"体验经济"一词是1970年由美国学者阿尔文·托夫勒《第三次浪潮》中首次提出的概念，他认为，继产品经济和服务经济之后，体验经济的时代已经到来。服务性经济的下一个阶段是步入体验性经济，企业只有依靠提供这种体验性服务才能在竞争中取胜。越来越多的消费者渴望获得体验性服务，越来越多的企业努力设计、营销体验型产品，于是各种各样的体验型礼物也应运而生，比如"图书券""餐饮券""旅行券""温泉礼物""美容券""咖啡券""汉堡券"等。相比传统的物品礼物，体验型礼物的特殊意义在于享受非日常的时光，为人生留下美好的回忆。

① "断舍离"的意思是"断绝不需要的东西，舍弃多余的废物，脱离对物品的迷恋"。如今，"断舍离"已经成为一种现代生活的理念。

第七章 结　　论

在前面的章节中笔者就网络时代礼物赠答的分类、特征、形成原因以及社会功能进行了探讨，在这一章里，笔者将提出研究结论。从列维-斯特劳斯“关系战胜了绝对”的思想出发，通过礼物研究可以发现在日本社会中“关系”依然是绝对性的存在。在土居健郎对日本人际圈层结构的分析框架基础上，笔者将从个人与“亲人”的关系、个人与“熟人”的关系、个人与“他人”的关系以及个人与“自我”的关系等四个方面来研究不同关系中礼物馈赠的特点。

第一节　关系战胜了绝对：从列维-斯特劳斯出发

日本礼物赠答在网络时代所呈现的新的变化，归根结底是因为社会关系发生了改变。列维-斯特劳斯在《完全相反》一文中对日本思想的特点进行了深刻的分析，尤其是“关系战胜了绝对：家庭和社会不断地重新组合”①的观点引发了笔者对新的时代环境下日本社会礼物赠答和人际关系的思考。在研究缘起中，笔者提出自己在做田野调查时的发现：日本人在人际交往中既重视礼尚往来又强调互不相欠，体现出一种既不同于中国又不同于西方的特质。

列维-斯特劳斯通过10个例证来说明日本习俗与西方不同，与亚洲的其他国家也截然不同。在此基础上，他经过推进式分析，得出以下三个结论：(1)西方是“离心式”的思维方式，而日本是“向心式”的思维方式。(2)西方思想存在一个最基本、不言自明的“我”；亚洲印度教、道教和佛教致力证明“我”的虚幻性，“我”只是一个表象，不可避免地注定要消散；日本思想既不同于西方将主体作为思考的起点，也不同于亚洲将主体消散，它将主体视为结果。(3)日本的“向心式”思维方式和将主体视为结果的特质，无法提供人们所寻求、憧憬的核心。当社会关系重新组合的时候，绝对的东西就不存在，关系超

---

① ［法］列维-斯特劳斯. 我们都是食人族［M］. 廖惠瑛，译. 上海人民出版社，2016：40.

越其上。

列维-斯特劳斯在分析日本文化既与东方不同又与西方不同时，归纳了两个主题：一是“关系战胜了绝对”，二是“受到关系的主宰”，在个体意识中存在着绝对，就是对天皇的崇拜、种族的纯粹性以及自认文化优越性这三点都是绝对的。这是一个日本文化的“悖论”，就如“菊与刀”的悖论一样。“二战”以后，由于西方文化通过美国对日本的影响，现在有着很大的变化：一是关系战胜绝对依然存在着，通过礼物研究可以继续说明这一点；二是个体意识中的绝对观念已经在相当大的程度上得到了消除。也就是说，一方面，日本社会依然推崇集团意识，与自己周围的人群建立起紧密的关系；另一方面，我们可以看到某些个人主义形式的崛起。

从日本的礼物赠答习俗来看，从中也体现了日本文化既与中国不同、又与西方不同的特点。“赠答”“义理”的概念本来源于中国古代文化，传入日本后，“赠答”从赠答诗的一唱一和发展为礼物交换的本土用语，而“义理”则从宋明理学发展为人际交往中必须履行的道德规范。“中元节”“端午节”等中国的传统文化节日传入日本后，中元节从祭祀祖先亡灵的节日变成了向关照自己的人送礼的节日，端午节从祛灾防病、纪念屈原的节日变成了祈愿男孩健康成长的节日。近代以后，尤其是“二战”以后，日本加紧学习西方的思想和文化，“圣诞节”“情人节”等西方节日被日本人加以改造，成为具有日本特色的外来节日。圣诞节吃火鸡的习俗改成了吃肯德基和草莓奶油蛋糕，情人节男性向女性送礼的习俗改成了女性向男性送礼。

土居健郎指出①，对待西方文化以及在此之前对待中国文化，日本人总是怀着无限的憧憬之情，只有当感到对方威胁自己时才会表示不欢迎，而中国人对西方文化不屑一顾是因为他们对本国文化抱有绝对的自信心。自古以来，日本在接触外来文化时，基本上都经过了从“顺从”到“吸收”的这样一个过程。日本人对于外来的文化，似乎采取了一种全面的接受，没有任何批判的态度，但实际上有利于维护相互依赖的人际关系，“吸收采纳”本身也是依赖心理的一种延续。笔者认为，日本对外来文化的态度不仅停留在“顺从”和“吸收”，还对外来文化进行了一定的改造和创新。比如，日本对中国“中元节”的改造以及对西方“情人节”的改造就是非常典型的例子。

土居健郎根据依赖和客气的程度将日本人的人际关系分为三个层次：最里层的“身内”是一个全面依赖且无须客气的人情世界；位于中间层的“仲間”是

① ［日］土居健郎．日本人的心理结构［M］．阎小妹，译．商务印书馆，2006：28-30.

一个不敢过于依赖对方、彼此需要客气的义理世界；最外层的“他人”是一个既没有依赖关系也不需要客气的陌生人世界①。日本的人际圈层结构和中国人由亲人、熟人和生人构成的人际圈相类似，但与中国人的区别主要体现在两个方面：一是中国的亲人和熟人之间是不可转换的，而日本的“身内”与“仲間”之间具有一定的可转换性；二是中国的人际圈是以自己为中心向外扩张社会关系，而日本并不存在独立于团体之外的自己，个体只是大小团体层层套叠的结果。

在阐述日本三个人际交往圈的关系时，土居健郎进一步指出：“这三个范畴的界限并不是划分得十分严格。‘义理’和‘人情’也并非绝对相互对立，本应是充满人情的亲子关系会转变成冷酷的义理关系，反之，无亲无故的他人，也有可能跨进‘彼此相依’的关系圈内。”②尚会鹏用“缘人”的概念来界定日本的基本人际状态，并认为：“它(即‘缘人’)是由并非完全基于血缘关系而是基于包括其他因素的某种机缘(血缘、地缘、业缘或者其他因素)走到一起的个体组成的，因此具有一定的可转换性和不确定性。”③由此可见，日本的人际交往圈和义理人情的交往原则都不是绝对不变的，自我的确定和个人的行为主要取决于个人在当时当地的情境下与他者的关系。在网络时代的背景下，社会环境和社会关系都发生了深刻的变化，以下将针对不同人际关系中礼物的馈赠模式展开具体分析。

第二节　礼物的情感性馈赠：个人与“亲人”的“身内关系”

以霍曼斯为代表的社会交换理论以理性选择为原则，认为个体行动与否取决于成功与价值这两个因素。这一理论以经济交易做类比，忽视了行动者在交换活动中的情感投入。莫斯通过对古式社会夸富宴的研究证明除了等价的商品交换，还有另一种交换形式，即具有信用、服从、地位、崇拜等情感价值的“非对称”交换。正如日本社会中“恩”“义理”“人情”等概念所表明的那样，人与人之间通行的也是一种附带了感情价值的交换模式。日本的赠答习惯最初源于对神灵的敬畏和感恩，后来逐渐世俗化，发展为对关照过自己的人以礼物的

①　[日]土居健郎：《「甘え」の構造》，日本弘文堂，2001年版，第47-48页。

②　[日]土居健郎. 日本人的心理结构[M]. 阎小妹，译. 商务印书馆，2006：23.

③　尚会鹏：《论日本人自我认知的文化特点》，载于《日本学刊》，2007年第2期，第102页。

形式表达感恩和答谢。当这种感恩是出于个人自发的情感时，就是所谓的“暖かい義理”（温暖的义理）①，即义理和人情相融合。如果报恩的义理并非出自行为者的自愿，而是一种强制性的社会规范，这就是所谓的“冷たい義理”（冰冷的义理）②，即义理和人情相脱离。

别府春海在对礼物的物质性赠与进行分类时，曾指出，中元、岁暮等传统的赠答习俗以义理为原则，而日常的物品交换则是以人情为原则。他认为，随着日本社会的进步和发展，送礼活动越来越个人化和工具化③。然而，根据矢野经济研究所 2009 年针对个人礼物市场所做的调查显示，在 2000 年至 2009 年这十年间，以中元和岁暮为代表的“正式的礼物”呈现逐渐减少的趋势，而“随意的礼物”则呈现快速增长的势头。矢野经济研究所 2015 年国内礼物市场的调查结果也显示，受少子高龄化、核家庭化以及地域、亲属关系的稀薄化影响，礼节性的赠答活动日渐减少，而对父母、孩子和好友表达感谢、好意和爱的礼物馈赠占据了主要的礼物市场，说明礼物馈赠并没有越来越工具化，而是越来越注重个人情感的表达。

日本的礼物市场之所以出现从“正式的礼物”向“随意的礼物”的转向主要是因为社会关系发生了改变。在以终身雇佣制为基础的企业共同体中，管理者和员工之间，员工与员工之间形成了长期稳定的社缘关系。为了促进集团内的相互交流和强化成员意识，日本式经营的企业有一个共同的特征，就是在中元、岁暮时节向上司和与工作相关的人赠送礼物，既表达对日常关照的感谢，也包含各种功利的目的。20 世纪 90 年代泡沫经济破灭以后，终身雇佣制的衰退带来社缘关系的淡化，企业内部员工给上司送礼的现象逐渐减少。此外，经济的不景气使得家庭收入变得不可预测，为了节省生活开支，人们不得不减少中元、岁暮的礼物开支。

不仅如此，中元、岁暮等传统赠礼节日也呈现出随意化的趋势，过去主要是向帮助和提携过自己的师长和领导，或是有合作关系的客户送礼表达感谢和问候，现在的中元和岁暮则慢慢成为家人或亲戚之间加强情感联系的重要契机。这是因为随着生活节奏的加快和社交网络的兴起，人与人之间的直接交往

① ［日］源了圓著：《義理と人情——日本的心情の一考察》，中公新書，1969 年版，第 26-28 页。

② ［日］源了圓著：《義理と人情——日本的心情の一考察》，中公新書，1969 年版，第 26-28 页。

③ 转引自［日］山口睦：《贈答の近代》，東北出版会，2012 年版，第 247 页。

逐渐被间接交往所取代，通过在中元、岁暮互赠礼物能够起到表达关心、增进沟通的作用。近年来，个人间的随意性馈赠逐渐占据了礼物市场的主导地位，反映出礼物赠答的动机发生了转变。传统的赠答习俗以“恩”和“义理”为原则，目的是为了维系共同体内部的和谐关系；而个人间的随意性馈赠则以“人情”为原则，目的在于表达自己的真心实意，属于情感性馈赠。

以往的研究往往强调把人情看作一种可交换的资源或是理性计算的结果，阎云翔在《礼物的流动》中刻意地关注了人情的道德和感情方面，人在这里代表私人关系，而情是感情的意思，所以“人情”这个词应当被理解为在感情基础上的私人关系①。日本的“人情”观念和中国的“人情”一词既有联系又有区别，共同之处在于它也是指个人的情感，代表着一种私人关系。区别在于日本的“人情”范围比中国要窄，一般是指父子兄妹这类自然的血缘感情，即在“身内关系”的范围内发生作用。超出了“身内”的范围便是“义理”的观念在发挥作用。个人与“亲人”之间的“身内关系”强调的是“人情”，即肯定互相依赖，积极地接受对方的情感。而所谓的“义理”，实质上是人情关系的一种延续，它是把亲人关系人为地拉入到熟人范围的人际关系之中，比如一般的朋友、同事、邻居等。在下一节中将对义理关系中的礼物馈赠进行总结性的分析。

第三节　礼物的符号性馈赠：个人与“熟人”的“仲间关系”

在前面的章节中笔者根据赠礼的契机将礼物分为“正式的礼物”和“随意的礼物”，日本最具有代表性的赠礼活动“中元”“岁暮”和人生的重要仪式“婚礼”“葬礼”都属于正式礼物的范畴。中元原本是将中国道教的中元节和佛教的盂兰盆节相结合而形成的祭祀祖先的节日，而岁暮本来是年底时为迎接新年而祭祀祖先的节日，从江户时代开始中元、岁暮才演变为向日常关照自己的人送礼的节日，在表示感谢的同时也希望维系一种持久的交往关系。

中元和岁暮基本上不用回礼，收到礼物以后立即和送礼者联系传达谢意，然后再寄一封感谢信就行了。通过书信的方式来表达对日常关照的感谢和对收到礼物的感谢，会让送礼者感到更加高兴。如果受礼者实在想要回礼的话，返还的礼物一般是收到礼物价值的一半。在日本，婚礼和葬礼的回礼通常也是收到礼物的一半或者三分之一。莫斯在研究古式社会的夸富宴时提出：“回礼是

① 参见阎云翔．礼物的流动——一个中国村庄中的互惠原则与社会网络［M］．李放春、刘瑜，译．上海人民出版社，2000：141-142.

义务性的，是被期待的，而且要和收到的礼物相当”①，本尼迪克特也认为对义理的报答(即回礼)必须等量对待。日本为什么存在象征性回礼(如“オウッリ”“礼状”)和部分回礼(如“半返し”)的现象，礼物交换的互惠原则是如何得以实现的呢？笔者分析主要存在以下三个方面的原因。

第一，中元、岁暮所送的礼物是对别人日常关照的回礼，所以不需要返还礼物。中元和岁暮送礼并不同于传统礼物研究中“物与物的交换”，而是“关照与物的交换”。社会学家滨口惠俊把日本人的交换模式称作“好意优先型”②，例如，一个人(甲)判断另一个(乙)人需要帮助，就将帮助提供给对方，获得帮助的乙非常感谢，于是在送礼时节，以回礼的形式酬谢帮助自己的甲，并将这种关系持续下去。在这种情况下，甲并不一定有明显的功利性动机，可能只是出于偶然的、对于他人是否需要帮助的主观判断。而乙对于从甲处得到的帮助(即恩惠)却产生了送礼酬谢的心理。因此，乙的送礼行为其实是对甲的关照的一种回礼方式，这一过程已经完成了甲与乙之间“关照与物的交换”，因此甲可以不用再返还礼物给乙，只要用感谢信作为形式上的回礼即可。

第二，迫使受礼人回礼的“义理”意识随着时代发展而变化。“义理”从我国传入日本后，在江户时代成为武士必须严格遵守的道德规范。“二战”以后，随着日本社会民主化的发展，传统的“义理”意识对人们的束缚出现减弱的倾向，表现在赠礼习惯上便是“オウッリ”“お捻り”这类象征性回礼的出现。别府春海将日本人的礼物交换细分为八种类型③，其中，关于回礼的方式可概括为以下四类：(1)过去接受过礼物，按等额价值的礼物返还型。(2)对接受的礼物给予形式上的返还型。(3)是(1)和(2)的中间型。即返还的礼物只是接受的礼物的一半或三分之一。(4)是(1)与(3)的中间型。即礼物返还的反

① ［法］马塞尔·莫斯. 礼物［M］. 汲喆，译. 上海人民出版社，2002：54.

② 滨口惠俊在比较中国和日本的交换模式时，将中国的模式称为「信用貸し出し型」(信用借贷型)，将日本的模式称为「思いやり先行型」(好意优先型)。这两种交换模式的共性在于都不一定以获利为必要前提，因此对于中国人和日本人来说，相互作用的根本目的不在于互利而在于互惠。

③ 转引自伊藤幹治：贈答の日本文化，筑摩選書 2011 年版，第 62-64 页。这八种礼物交换的类型分别是：A)对过去受到关照的回礼；B)预计将来需要别人关照而提前送礼；C)A 和 B 的组合型(如中元、岁暮)；D)在赠送礼物的同时提供帮忙(如过去的农村葬礼)；E)对过去收到的礼物返还相当价值的物品；F)对于收到的礼物给予形式上的返还(如オウツリ、オタメ)；G)E 和 F 的中间型，即对过去收到的礼物返还一半或三分之一(如奠仪的回礼)；H)E 和 G 的中间型，即物品和回礼的反复(如奠仪和奠仪回礼的循环)。

复①。其中，(1)是依据均衡原理的均等交换。(2)属于象征性回礼。(3)是排除均衡原理的不均等交换。(4)属于循环的不均等交换。由于日本人属于“向心式”思维，习惯站在对方的立场看问题，所以部分回礼的目的是为了减轻对方接受礼物时的心理负担。

第三，回礼之所以不一定等质等量，是因为礼物交换的互酬性并不在于实际价值的对等，而在于符号价值的对等。礼物的首要价值在于“礼”，其次才是“物”，可以说礼节、礼仪等社会行为规范的意义，大于礼物的使用价值。更直接的是，礼物的焦点在于它的符号象征意义，而不是物质载体。罗兰·巴特在对日本的送礼习俗进行考察时就曾指出日本人重视礼物的包装是为了表达一种形式上的礼节，也就是说礼物的形式不过是一种礼节的符号而已。任何形式的交换只有达到一定的平衡才会持续进行，如果交换物品的实际价值不相等的话，它一定是发生了价值转换的过程，使看似不等价的交换实现了意义上的对等。日本人赠送“正式的礼物”的时间、内容、包装、用语几乎是固定的，具有程式化的特点，这些固定的形式就是一个个符号，代表着礼节性的意义。

正式礼物的馈赠目的并非传递感情，而是为了遵守传统的常规惯例，维系和谐的社会关系。这种类型的礼物馈赠一般发生在“仲间关系”的交往圈中，“仲间关系”是指相互认识或熟悉，有一定感情投注但不能过于依赖的关系，这是一个人为地把周围的熟人当作家人来看待的义理世界。处于这个交往圈中的日本人，接受他人的礼物相当于接受他人的义理，也就等于背上了无形的债务，如果不返还的话就会被周围人疏远，不被集团和社会认可。在村落共同体和企业共同体的时代，以“正式的礼物”为代表的符号性馈赠对于维持共同体的确认体系发挥了重要的作用，但此类赠礼活动要注意把握适当的尺度，否则容易陷入虚礼或形式主义。

第四节　礼物的随兴性馈赠：个人与“他人”的“电缘关系”

在前面的两节中，笔者分别考察了个人与“亲人”、个人与“熟人”之间的礼物馈赠特点，即前者表现为情感性馈赠，后者表现为符号性馈赠。在土居健郎划分的人际圈层结构中，最里层的“身内关系”遵循“人情”原则，中间层的“仲间关系”遵循“义理”原则，而最外层的“他人”意味着一个与己无关的陌生人世界，所以给人一种冷漠无情的感觉，容易让人联想到“赤の他人”(毫无关

① 参见[日]伊藤幹治：贈答の日本文化[M]，筑摩書房，2011年版，第62-44页。

系的人)“他人は冷たい”(他人总很冷漠)“他人は時の花”(别人是靠不住的)“他人事”(别人的事)“他人行儀”(当外人看待)等俗语。

当日本人用“内”和“外”来区分人际关系时，其中的一个标志就是应不应该客气。“身内关系”不需要讲客气所以是“内”，而“仲间关系”需要讲究礼节所以是“外”。但这也并不是绝对的，有时把“仲间关系”也看成“内”，而将与己无关，不用考虑如何以礼相待的人统统看作“外”。中根千枝认为，日本是强调场所的社会，日本人的集团意识表现在按圈子构成职能集团①。所以日本人“自家人”“外人”的意识很强烈，在同一社会里也能看到一种人际关系的极端对比，日本人对自己圈子以外的人抱有一种冷漠和疏远的态度。

萨林斯根据亲属关系的远近将互惠细分为慷慨互惠、等价互惠和消极互惠，指出：“这几种互惠类型从免费的赠礼到诈骗，相当于社会关系的范围，从损己利人到损人利己”②，并认为，“慷慨互惠控制着极小的区域，在更大的范围内就无法运行。”③然而，日本社会并不是依据亲属关系的远近，而是依据依赖关系的程度来区分这三种互惠关系。日本人际关系中的“身内”虽然类似于中国的亲属圈，但中国的亲属圈具有不可转换性，而日本没有血缘关系的人也可以因为缘分而建立起“身内关系”。萨林斯的观点忽略了人际关系的距离会随着互动交流的频繁而变得密切，由于“身内”除了指父母、配偶、子女和兄弟姐妹等，还包括亲密的朋友，因此社交网站上的“他人”也能够随着交流的深入而成为虚拟空间的朋友关系。

互联网的兴起改变了人们直接接触的交流方式，个人与“他人”之间无亲无故的关系由于网络的联结和互动而有了建立缘分的机会。日本评论家堺屋太一将通过互联网、手机等信息网络连接起来的电子化人际关系称为“电缘关系”，表明人际关系从“血缘”“地缘”发展到“职缘”“社缘”后，又向着“好缘”“电缘”的方向在发展。日本传统的地域社会是以“血缘”“地缘”为纽带形成的生活共同体，工业化的发展促成了以“职缘”“社缘”为中心的企业共同体。家庭规模的缩小、雇佣形式的变革以及个人主义的崛起，使得人际关系逐渐呈现出淡薄化的趋势。以“好缘”“电缘”为纽带的人际交往突破了时间和空间的限制，从现实社会拓展到虚拟空间，从熟人社会扩展到陌生人社会。

个人与“他人”在社交网站上建立朋友关系，并通过社交网站互相赠送“社

---

① 参见[日]中根千枝. 纵式社会的人际关系[M]. 商务印书馆，1994：14.

② 马歇尔·萨林斯. 石器时代经济学[M]. 张经纬等，译. 三联书店，2009：227.

③ 马歇尔·萨林斯. 石器时代经济学[M]. 张经纬等，译. 三联书店，2009：229.

交礼物”来加深彼此之间的联系。由于“社交礼物”不需要对方的姓名、地址，所以未曾谋面的陌生人也能轻松地送出一份礼物。网络虚拟空间中的人际交往具有匿名性的特点，个人送给“他人”礼物并不是义务性的行为，而是一种自发性的行为。不过，这种自发性馈赠行为和个人与“亲人”之间的自发性赠礼有所区别。个人与“亲人”之间的自发性赠礼是一种基于稳定交往关系的礼物交换，而个人与“他人”之间的交往关系具有偶然性和随机性的特点，很可能只是一段时间内的短暂交往，因此，笔者认为这种不稳定的、自发性赠礼行为是一种随兴性馈赠。

第五节 礼物的自慰性馈赠：个人与“自我”的异化关系

20世纪90年代中期以来，随着互联网和智能手机的快速普及，个人间的礼物馈赠活动越来越多。“自我赠与”作为个人馈赠行为的特殊表现，反映了新时代下的礼物馈赠趋势。因为传统社会并没有自我赠与的现象，所以传统的礼物研究都是以交换关系和互惠原则作为理论的基础。而自我赠与是网络时代新出现的现象，从某种意义来说，自己送给自己礼物是对交换关系的一种解构。所谓交换关系一般是指不同主体之间的关系，比如A与B之间互相赠送礼物。然而，自我赠与最大的特点是送礼者和受礼者是同一个主体，即A购买礼物送给A。

赵星植从符号学的角度将礼物分为自我礼物、关系礼物、虚拟礼物、仪式性礼物、言语礼物、诗性礼物六种类型①。日本的“自我赠与”就属于自我礼物的范畴，这是一种以“自我慰藉”作为主导功能的礼物符号，送礼者通过一系列的语言或文字的表述将自己的物品变成“自我礼物”的象征，其功能在于获得一种反馈机制，如犒劳、激励、自夸等。之所以可以把“自我礼物”看作礼物的基本界限，是因为礼物是符号的载体，自己买的物品能否作为礼物，可以由行动者自己来做出解释。在“自我礼物”中，符号的接收者和符号的发送者都是行动者自己，所以当他(她)将其解释为礼物时，物品便被赋予了特殊的情感意义，从而成为符号的载体——礼物。

日本人不仅在中元、岁暮给自家购买礼物，而且在情人节的时候也会购买“自我巧克力”“犒赏性巧克力”送给自己。日本之所以会出现“自我赠与”的现

① 赵星植：《礼物作为社会交流符号的诸种类型》，载于《江苏社会科学》，2013年第6期。

象，首要的原因在于家庭结构的变化。随着家庭规模的缩小，尤其是单身家庭的不断增长，自我赠与成为一种消解孤独、享受生活的休闲方式。其次，以互联网为媒介的间接交往。当网络时代人际关系的疏离和快节奏的生活方式使人感到苦闷、压抑时，礼物可以成为一种自我安慰的方式。最后，“自我礼物”在日本的流行也得益于商业主义的推动作用。各大商家为了在商战中赢得利益，积极鼓动消费者以“自我犒赏”的名义来刺激消费欲望，从而带动商品市场的经济利益。

自我赠与的现象反映了网络时代个体的脱共同体化和脱社会化，也就是说个体可以不需要社会关系，日本把单身群体，即“个族”又称为“孤族”，意味着这是一个孤独的群体。社交网站是网络时代的必然产物，但是社交网站无法从根本上解决人们心中的孤独感，沉迷在虚拟的社交网站当中，真正与人进行交谈的机会却越来越少，社交能力自然也在不断地下降。当个人感到孤独、苦闷、压抑的时候，便会产生自我慰藉的念头，因此网络时代的自我赠与实际上是一种自我异化现象：把自己异化成“他人”，以对待陌生人的方式送给自己礼物。笔者认为把这种自我赠与属于自慰性馈赠，它是渴望“人情”温暖的一种自我实现方式。

网络时代的到来带来了个人化和自由化的快速发展，然而过度的个人化和自由化又让日本人无所适从、孤独苦闷，以至于不得不通过自我赠与的方式来慰藉自己。在过去，支配个人的是国家思想、家父长制度这类有形的权力、制度和道德规范；在信息化时代，支配个人的是“个人主义”美名下的无形信息。信息通过电波和文字支配着人们，个人无法确定自己会被信息推向哪里，因此没有哪一个时代比现在更难以构建自我的主体性和价值观。列维-斯特劳斯曾指出，相对于西方的个体自主性，在日本，个体根据它所从属的一个或数个团体来自我定义，并且这是一种恒常需要①。其根本原因在于日本人的存在方式并不是“个体”，而是“关系体”，个体受关系主宰。因此，日本的个人化并不能带来独立、自信的个人，而是自我的不确定乃至自我萎缩。

① ［法］列维-斯特劳斯. 我们都是食人族［M］. 上海人民出版社，2016：39.

中外文参考文献

一、中文参考文献

1. 专(译)著

[1][英]C·A·格雷戈里. 礼物与商品[M]. 姚继德，杜彬彬，郭锐，译. 云南：云南大学出版社，2001.
[2][英]霍布斯. 利维坦[M]. 黎思复，黎廷弼，译. 北京：商务印书馆，2014.
[3]贾春增. 外国社会学史(第三版)[M]. 北京：中国人民大学出版社，2008.
[4][英]马林诺夫斯基. 西太平洋上的航海者[M]. 张云江，译. 北京：中国社会科学出版社，2009.
[5][法]列维-斯特劳斯. 我们都是食人族[M]. 廖惠英，译. 上海：上海人民出版社，2016.
[6][法]卢梭. 社会契约论[M]. 何兆武，译. 北京：商务印书馆，2013.
[7][法]路易·迪蒙. 论个体主体：人类学视野中的现代意识形态[M]. 桂裕芳，译. 江苏：译林出版社，2014.
[8][法]罗兰·巴特. 符号帝国[M]. 孙乃修，译. 北京：商务印书馆，1994.
[9][法]马塞尔·莫斯. 礼物[M]. 汲喆，译. 上海：上海人民出版社，2002.
[10][法]乔治·赫伯特·米德. 心灵、自我与社会[M]. 赵月瑟，译. 上海：上海译文出版社，2008.
[11][法]高丽安. 日本女人，温柔的革命[M]. 佟心平，徐艳，译. 吉林：时代文艺出版社，2011.
[12][法]莫里斯·古德利尔. 礼物之谜[M]. 王毅，译. 上海：上海人民出版社，2007.
[13][美]鲁思·本尼迪克特. 菊与刀——日本文化诸模式(增订版)[M]. 吕万和，熊达云，王智新，译. 江苏：译林出版社，2012.

[14][美]马文·哈里斯. 文化人类学[M]. 李培茱，高地，译. 北京：东方出版社，1988.
[15][美]马歇尔·萨林斯. 石器时代经济学[M]. 张经纬，郑少雄，张帆，译. 上海：三联书店，2009.
[16][美]欧文·戈夫曼. 日常生活中的自我呈现[M]. 冯钢，译. 北京：北京大学出版社，2008.
[17][美]乔纳森·H·特纳. 社会学理论的结构[M]. 邱泽奇，张茂元等，译. 北京：华夏出版社，2006.
[18][德]马克思·韦伯. 社会科学方法论[M]. 韩水法，莫茜，译. 北京：商务印书馆，2013.
[19][荷]简·梵·迪克. 网络社会：新媒体的社会层面(第二版)[M]. 蔡静，译. 北京：清华大学出版社，2014.
[20][不详]罗伯特·V. 库兹奈特. 如何研究网络人群和社区：网络民族志方法实践指导[M]. 叶韦明，译. 重庆：重庆大学出版社，2016.
[21][日]土居健郎. 日本人的心理结构[M]. 阎小妹，译. 北京：商务印书馆，2006.
[22][日]中根千枝. 纵式社会的人际关系[M]. 陈成，译. 北京：商务印书馆，1994.
[23][日]首藤明和，王向华，宋金文. 中日家族研究[M]. 浙江：浙江大学出版社，2013.
[24][日]鹈饲正树，永井良和，藤本宪一. 战后日本大众文化[M]. 苑崇利，史兆红，秦燕春，译. 北京：社会科学文献出版社，2010.
[25][日]宫家准. 日本的民俗宗教[M]. 赵仲明，译. 南京：南京大学出版社，2008.
[26]阎云翔. 礼物的流动：一个中国村庄中的互惠原则与社会网络[M]. 李放春，刘瑜，译. 上海：上海人民出版社，2000.
[27]杨美惠. 礼物、关系学与国家：中国人际关系与主体性建构[M]. 赵旭东，孙珉，译. 江苏：江苏人民出版社，2009.
[28]车文博. 当代西方心理学新词典[M]. 吉林：吉林人民出版社，2001.
[29]费孝通. 乡土中国[M]. 北京：人民出版社，2008.
[30]王铭铭. 社会人类学与中国研究[M]. 上海：三联书店，1997.
[31]王铭铭. 人类学讲义稿[M]. 北京：世界图书出版公司，2011.
[32]许烺光. 家元：日本的真髓[M]. 于嘉云，译. 台北南天书局，2000.

[33]张石. 空虚日本[M]. 北京: 中国法制出版社, 2015.
[34]张旭. 礼物[M]. 北京: 北京大学出版社, 2013.
[35]吴满意. 网络人际互动: 网络实践的社会视野[M]. 北京: 人民出版社, 2015.
[36]郑素侠. 网络时代的社会资本: 理论分析与经验考察[M]. 上海: 复旦大学出版社, 2011.
[37]刘少杰等. 社会学理性选择理论研究[M]. 北京: 中国人民大学出版社, 2012.
[38]朱炳祥, 崔应令. 人类学基础[M]. 武汉: 武汉大学出版社, 2006.
[39]朱炳祥. 社会人类学[M]. 武汉: 武汉大学出版社, 2009.
[40]黄亚南. 谁能拯救日本: 个体社会的启示[M]. 上海: 上海辞书出版社, 2009.
[41]黎民, 张小山. 西方社会学理论[M]. 武汉: 华中科技大学出版社, 2005.

2. 期刊论文

[1]陈庆德, 潘春梅. 经济人类学视野中的交换[J]. 民族研究, 2010(2): 36-47.
[2]陈伟, 吕巍, 李玉峰. 国内外消费者礼品购买行为述评[J]. 现代管理科学, 2011(1): 19-21.
[3]崔世广. 现代日本人的价值观及其变化趋势[J]. 日本学刊, 2000(6): 88-103.
[4]丁鼎. "礼"与中国传统文化及当代和谐社会建设[J]. 鲁东大学学报(哲学社会科学版), 2005, 22(3): 1-5.
[5]丁苏安. 马塞尔·莫斯列传[J]. 民族论坛, 2013(4): 11-20.
[6]樊丽丽. 从赠答习俗看日本人的"和"意识[J]. 岱宗学刊: 泰安教育学院学报, 2010(3): 61-62.
[7]干咏昕. 礼物、礼物交换与文化——评阎云翔《礼物之流》[J]. 民俗研究, 2000(1): 153-157.
[8]郭新平, 任子扬. 现代日本家庭形态与功能变化分析[J]. 社科纵横, 2016, 31(4): 57-59.
[9]韩克庆, 吴忠民. 网络空间的人际交往方式及其影响[J]. 哈尔滨工业大学学报(社会科学版), 2000(4): 87-90.
[10]胡连荣. 包袱皮展示的文化天地——日本礼品包装史话[J]. 世界博览,

1995(11)：33-35.
[11]胡亮. 室町时代日本人的赠答文化——以《看闻日记》为例[J]. 延边大学学报(社会科学版)，2015，48(6)：60-68.
[12]汲喆. 礼物交换作为宗教生活的基本形式[J]. 社会学研究，2009(3)：1-25.
[13]蒋传红. 罗兰·巴特论日本文化[J]. 社会科学论坛，2010(9)：182-186.
[14]蒋廉雄，卢泰宏，邹璐. 消费者礼品购买决策：关系取向抑或动机驱动[J]. 中山大学学报(社会科学版)，2007，47(5)：117-123.
[15]李灿金. 礼物交换中的感性选择[J]. 华中师范大学学报(人文社会科学版)，2014(2)：24-28.
[16]李东辉. 浅析日本人的赠答习俗与"义理"——以"中元节"为例[J]. 日语学习与研究，2009(3)：113-119.
[17]李光华. 日语中"礼物"的各种表达方式[J]. 东北亚外语研究，2004(7)：19-20.
[18]李小俞. 从礼物来看日本文化[J]. 襄樊学院学报，2009，30(3)：67-69.
[19]李彦. 从日本赠答习惯的历史变迁看赠答的文化心理[J]. 黑河学院学报，2012，3(3)：115-117.
[20]李勇. 网络时代的人际关系和社会关系[J]. 杭州：生活品质，2009(8)：12-13.
[21]梁丽. 网络人际交往的异化[J]. 理论与当代，2011(4)：22-24.
[22]林毕红. 浅析日本中元与岁暮的送礼礼仪与文化特点[J]. 牡丹江教育学院学报，2013(3)：13-14.
[23]刘少杰. 网络化时代的社会结构变迁[J]. 学术月刊，2012，44(10)：14-23.
[24]刘少杰. 网络化时代的社会转型与研究方式[J]. 学习与探索，2013(7)：33-37.
[25]刘拥华. 礼物交换："崇高主题"还是"支配策略"？[J]. 社会学研究，2010(1)：157-176.
[26]刘中燕. 中日赠答行为中的文化差异——基于义理人情和内外意识的视角[J]. 文化学刊，2015，57(7)：81-83.
[27]罗鑫. 从结构到解构的符号——论罗兰·巴特《符号帝国》中的"空"与"无"[J]. 湖南工程学院学报，2013，23(4)：38-42.
[28]麻国庆. 日本的家与社会[J]. 世界民族，1999(2)：56-65.

[29]马晨光. 对礼物的符号学思考[J]. 齐齐哈尔师范高等专科学校学报, 2009(1): 102-103.

[30]孟威. 网络"虚拟世界"的符号意义[J]. 新闻与传播研究, 2001(4): 33-42.

[31]苗惠龙. 礼物之力量——读《论馈赠——传统社会的交换形式及其功能》[J]. 长江丛刊, 2016(32): 19-19.

[32]潘泽泉. 实践中流动的关系: 一种分析视角[J]. 社会学研究, 2005(3): 221-227.

[33]曲展. 解读日本礼品包装的设计理念[J]. 山东工艺美术学院学报, 2009(2): 8-9.

[34]权彤, 李晶. 日本非正式雇佣问题研究[J]. 洛阳师范学院学报, 2015(4): 88-91.

[35]三岛齐纪, 刘立善. 论马斯洛"自我实现"概念的内涵——以概念的嬗变为中心[J]. 日本研究, 2012(3): 42-45.

[36]尚会鹏. 土居健郎的"娇宠"理论与日本人和日本社会[J]. 日本学刊, 1997(1): 123-132.

[37]尚会鹏. 中根千枝的"纵式社会"理论浅析[J]. 日本问题研究, 1997(1): 85-91.

[38]尚会鹏. "缘人": 日本人的"基本人际状态"[J]. 日本学刊, 2006(3): 129-140.

[39]尚会鹏. 论日本人自我认知的文化特点[J]. 日本学刊, 2007(2): 95-108.

[40]尚会鹏. 论日本人的交换模式[J]. 日本学刊, 2009(4): 80-93.

[41]尚会鹏. 日本社会的"个人化": 心理文化视角的考察[J]. 日本学刊, 2010(2): 82-95.

[42]孙宁. 关于网络社会新型人际关系的思考[J]. 商业经济研究, 2007(25): 77-79.

[43]孙庆民. 社会交换资源理论评述[J]. 湖南师范大学社会科学学报, 1994(6): 117-120.

[44]田晓虹. 日本现代化进程中的家庭关系嬗变[J]. 日本学刊, 2004(1): 89-102.

[45]田晓虹. 近代日本家庭制度的变迁[J]. 社会科学, 2008(2): 91-98.

[46]童敬畏. 礼物与互惠研究综述[J]. 山东理工大学学报(社会科学版),

2010，26(3)：44-48.
[47]万林艳. 网络时代的主体状况[J]. 中国人民大学学报，2000，14(2)：40-45.
[48]万艳林. 网络时代的主体状况[J]. 中国人民大学学报，2000(2)：40-45.
[49]王俊杰. 人类学视野中的礼物世界[J]. 云南民族大学学报(哲学社会科学版)，2007，24(2)：22-25.
[50]王黎. 日本婚丧节庆的馈赠及答谢[J]. 日语知识，1997(12)：42-43.
[51]王玲. 日本人送礼方式的文化分析[J]. 新西部月刊，2007(11)：135-135.
[52]王铭铭. 物的社会生命？——莫斯《论礼物》的解释力与局限性[J]. 社会学研究，2006(4)：225-238.
[53]王铭铭. 莫斯民族学的"社会论"[J]. 西北民族研究，2013(3)：117-122.
[54]王默凡. 日本终身雇佣制的历史变迁[J]. 首都经济贸易大学学报，2012，14(4)：99-104.
[55]王姝. 网络空间人的自我异化问题刍议[J]. 理论界，2005(2)：66-68.
[56]王炜. 战后日本家庭的变化[J]. 日本问题，1990(6)：57-68.
[57]王蔚. 从日语俗谚看日本文化中的人情观[J]. 日语知识，2001(8)：27-28.
[58]王小艳. 礼物研究综述[J]. 临沧师范高等专科学校学报，2014，23(2)：1-4.
[59]王秀文. 从交际功能看日本的馈赠文化[J]. 贵州民族学院学报(哲学社会科学版)，2004(3)：44-47.
[60]王雅林. "生活论"研究范式的构建：日本社会学研究的启示[J]. 社会学评论，2015，3(4)：19-29.
[61]王宇新. 日本年轻人馈赠行为考察分析[J]. 日语学习与研究，2008(1)：65-71.
[62]吴炳，郑渊. 基于社交礼品网站浅谈社交网络营销[J]. 北方经贸，2014(3)：63-63.
[63]吴新兰. "内"与"外"：解读日本文化的钥匙[J]. 东北亚研究，2003(3)：68-72.
[64]肖云忠. 都市情感生活中的礼物交换特征与功能初探[J]. 成都理工大学学报(社会科学版)，2010，18(2)：20-24.
[65]谢燕清. 漂泊的礼物——从环太平洋地区到法国再到中国[J]. 民俗研究，

2002(4)：162-169.
[66]岩本通弥，施尧. 城市化过程中家庭的变化[J]. 民俗研究，2016(5)：5-20.
[67]杨成波. 韦伯社会行动的理想类型及当代启示[J]. 山西师大学报(社会科学版)，2011，38(1)：28-31.
[68]杨劲松. 滨口惠俊及其"人际关系主义"理论[J]. 日本学刊，2005(3)：152-159.
[69]杨丽云. 人类学互惠理论谱系研究[J]. 广西民族研究，2003(4)：38-45.
[70]杨念群. 礼物交换的本土精神[J]. 读书，1997(2)：81-87.
[71]禹硕基. 战后日本家庭结构与家庭功能的变化[J]. 日本研究，1992(4)：63-65.
[72]张佳梅. 从"赠答"的词汇发展看日本赠答文化的变迁[J]. 民俗研究，2016(4)：108-113.
[73]张铃惠. 从礼物赠答看中日文化差异[J]. 戏剧之家，2014(11)：297-297.
[74]张小苑，姜凌. 关于战后日本家庭变迁的思考——现代化理解的又一视点[J]. 河北大学学报(哲学社会科学版)，2012，37(1)：143-146.
[75]张馨月. 论中日送礼文化的差异[J]. 邯郸职业技术学院学报，2013，26(1)：25-27.
[76]赵仁青. 论网络交往主体的异化与重建[J]. 重庆科技学院学报(社会科学版)，2010(7)：18-20.
[77]赵万里，徐敬怡. 符号互动论视野下的科学社会研究[J]. 自然辩证法通讯，2007，29(6)：47-53.
[78]赵星植. 礼物作为社会交流符号的诸种类型[J]. 江苏社会科学，2013(6)：162-167.
[79]赵星植. 论礼物的普遍分类：一个符号学分析[J]. 符号与传媒，2014(1)：93-107.
[80]钟福民. 礼物交换与人际互动——广西龙脊壮族的馈赠礼俗考察[J]. 广西社会科学，2006(1)：95-98.

3. 学位论文

[1]毕振威. 人际关系视角下的送礼行为研究[D]. 中山大学硕士研究生论文，2013.

[2]关向娜. 中日送礼文化比较研究[D]. 东北师范大学硕士研究生论文，2011.
[3]孙欣欣. 从送礼方式看日本人的送礼观念[D]. 北京第二外国语学院硕士研究生论文，2007.
[4]唐书祺. 战后日本消费文化的历史变迁[D]. 西南大学硕士研究生论文，2013.
[5]王梦琪. 现代日本赠答习俗的特征及其社会作用[D]. 四川外语学院，2011.
[6]徐琳琳. 网络中的虚拟自我探析[D]. 大连理工大学博士研究生论文，2010.
[7]袁亦秋. 从赠答习俗看中日人际关系的特征——基于“基本人际状态”[D]. 南京航空航天大学硕士研究生论文，2015.
[8]朱东丽. 中国民间送礼习俗的结构与社会功能分析[D]. 西北农林科技大学硕士研究生论文，2010.

二、外文参考文献

1. 日文文献

[1] マルセル· モース（著）吉田禎吾 江川純一（訳）. 2009. 贈与論［M］. 筑摩書房.
[2] ルース· ベネディクト. 1967. 長谷川松治訳. 菊と刀［M］. 社会思想社刊.
[3] 伊藤幹治、 栗田靖之編著. 1984. 日本人の贈答［M］. ミネルブア書房.
[4] 伊藤幹治. 1995. 贈与交換の人類学［M］. 筑摩書房.
[5] 伊藤幹治. 2011. 贈答の日本文化［M］. 筑摩選書.
[6] 岡崎寛徳. 2009. 鷹と将軍　徳川社会の贈答システム［M］. 講談社.
[7] 源了円. 1969. 義理と人情一日本的心情の一考察［M］. 中央公論社.
[8] 高牧実. 2000. 近世の都市と祭礼［M］. 吉川弘文館.
[9] 桜井英治. 2011. 贈与の歴史学 儀礼と経済のあいだ［M］. 中央公論新社.
[10] 山口睦. 2012. 贈答の近代——人類学からみた贈与交換と日本社会［M］. 東北大学出版会.

［11］小馬徹. 2000. 贈り物と交換の文化人類学［M］. 御茶の水書房.
［12］新渡戸稲造. 2013. 武士道［M］. 三笠書房.
［13］森田登代子. 2001. 近世商家の儀礼と贈答［M］. 岩田書院.
［14］神崎宣武. 1997. おみやげ——贈答と旅の日本文化［M］. 青弓社.
［15］成田善弘. 2003. 贈り物の心理学［M］. 名古屋大学出版社.
［16］成美堂出版編集部. 2003. 冠婚葬祭の贈り物とお返し事典［M］. 成美堂出版.
［17］盛本昌弘. 2008. 贈答と宴会の中世［M］. 吉川弘文館.
［18］大日方克己. 1993. 古代国家と年中行事［M］. 吉川弘文館.
［19］中根千枝. 1967. タテ社会の人間関係［M］. 講談社現代新書.
［20］中沢真一. 2009. 純粋な自然の贈与［M］. 講談社.
［21］定兼学. 1999. 近世の生活文化史—地域の諸問題—［M］. 清文堂.
［22］土居健郎. 2002. 「甘え」の構造［M］. 弘文堂.
［23］南博. 1985. 日本の自我［M］. 岩波新書.
［24］南博. 1985. 日本人の心理［M］. 岩波新書.
［25］白川部達夫. 1999. 近世の百姓世界［M］. 吉川弘文館.
［26］樋口清之. 1994. 日本人と人情［M］. 大和書房.
［27］浜口恵俊. 1982. 間人主義の社会：日本［M］. 東洋経済新報社.
［28］柳田国男. 1941. 食物と心臓［M］. 創元社.
［29］和歌森太郎. 1953. 日本人の交際［M］. 弘文堂.
［30］市川孝一. 1989. 贈答の生活学［J］. 生活科学研究. 文教大学.
［31］松本武彦. 1987. 現代青年の贈答行動［J］. 大分県立芸術文化短期大学研究紀要第 25 巻.
［32］仲川直毅. 2013. 贈与と交換［J］. 名城論叢.
［33］谷守正寛、張恩花. 2005. 日中「面子」考［J］. 地域学論集（鳥取大学地域学部紀要）第 1 巻第 3 号.
［34］竹本康博. 1981. 衣類の贈答品としての意義［J］—民俗学における贈答研究ノート—.
［35］安達正嗣. 1998. コミュニケーションとしての贈答行動—中元・歳暮を中心に—［J］. 石川実・井上忠司編著『生活文化を学ぶ人のために』. 世界思想社.
［36］安倍麻奈美など. 2010. 百貨店におけるギフト市場の拡大——～敬老の日にギフトを～［J］.

[37] 辻本法子. 2011. ゆるい絆のコミュニケーションとギフトに関する実証研究——若者のカジュアルギフトにおける贈与行動について [J]. 財団法人吉田秀雄記念事業財団平成 22 年度（第 44 次）助成研究報告書.

[38] 細川英雄. 1994. 日本の贈答文化 [J]. 実践『日本事情』入門. 大修館書店.

[39] 高木佳亮. 贈り物の文化論. 中京大学現代社会学部加藤晴明ゼミナール. 年度末個人研究レポート.

[40] 平中翔太等. 2014. 「日本のお土産文化からみるギフトコミュニケーションへの一提言」[D], 明治大学商学部第 45 回奨学論文.

2. 英文文献

[1] Alvin, Toffler. 1970. The Third Wave [M]. New York: Bantam Books.

[2] Befu, Harumi. 1966-1967. Gift Giving and Social Reciprocity in Japan [J]. France-Asie 21: 161-177.

[3] Blau, Peter M. 1964. Exchange and Power in Social Life [M]. New York: John Wiley and Sons.

[4] Boas, Franz. 1895. The Social Organization and the Secret Societies of the Kwakiutl Indians [J]. Report of the U. S. National Museum (1894-1895): 311-738.

[5] Homans, George. 1974. Social Behavior: It's Elementary Forms [M]. New York: Harcount Brace Jovanovich.

[6] Malinowski, Bronislaw. 1962 [1926]. Crime and Custom in Savage Society [M]. Paterson, N. J.: Littlefield, Adams.

[7] Malinowski, Bronislaw. 1984 [1922]. Argonauts of the Western Pacific [M]. Prospect Heights, Ill: Waveland Press.

[8] Mauss, Marcel. 1967. The Gift [M]. New York: W. W. Norton & Company.

[9] Sahlins, Marshall. 1972. Stone Age Economics [M]. New York: Aldine de Gruyter.